ラブライブ！という奇跡

彼女たちは
なぜ社会現象に
なったのか

烏丸朔馬
Karasuma Sakuma
〔著〕

CYZO

ラブライブ!という奇跡
彼女たちはなぜ社会現象になったのか

はじめに

私には、尊敬している人物が二人居ます。一人は、昨年鬼籍に入った私の祖父。もう一人は、高坂穂乃果。『ラブライブ!』の主人公です。

「アニメのキャラクターを尊敬するとは何事か」

このように思われる方もいらっしゃると思います。しかし、本書を読んだ後には、貴方の尊敬する人物にも彼女の名前が加わっていることと思います。

さて、本書を手に取って頂き誠にありがとうございます。烏丸朔馬と申します。

まずは簡単に、自己紹介をさせてください。

私は現在、とある個人事業を行いながら、ライターのお仕事も請け負っております。

そうした事業でお客様と接する中で、私の趣味や休日の過ごし方について聞かれることがあります。

その度に私は、まずこの言葉をお客様に返します。

「あの、『ラブライブ!』って知ってます?」

その後は深夜アニメを全く見ないようなタイプの人にも『ラブライブ!』の魅力を伝え、「宜しければ是非」という形で布教に至ります。結果、全くオタクではない数名の方が『ラブライブ！』を見てくださりました。とある方はオフ会にも参加したそうです。

こうした経験から、奔放な生活をしている私の唯一の取り柄は、この作品の魅力を多くの方に伝えることだと認識致しました。

「みんな！『ラブライブ！』の魅力に気づいてくれ!!」

「もう『ラブライブ！』無しでは生きていけないんだ！」

こうした想いがモチベーションになっています。ちなみに、高坂穂乃果を尊敬していると言っておきながら、推しのキャラクターは園田海未です。ラブアローシュートで射止められた心臓が、たまに彼女のことを想い鼓動を加速させます。

宗教の布教活動やら自己啓発セミナーへの勧誘染みた話になってきましたが、実際のところ、個人事業主・自営業者・経営者・夢や目標のある社会人・未来ある学生などには、是非見てもらいたい作品です。この作品には、自身の夢や目標を叶えるための、推進力となるような正方向のパワーがあるからです。

また、既に『ラブライブ！』について触れている方にも、もっと『ラブライブ！』のことを好きになって欲しいと思っています。

特に、劇場版も終わり次のライブやコンテンツ展開が待ち遠しい今の時期こそ、本書をとおして作品への想いをさらに高めて頂きたいのです。

著者は作家としてはまだ新米で、文章にも拙い部分があるかもしれません。しかし、『ラブライブ！』への想いは誰にも負けない自信があります。言うなれば、アイドルに対する小泉花陽の気持ちのようですね。

この作品を知らない人には、作品の魅力が伝わるように。この作品に触れたことのある人には、さらにこの作品が好きになるように。恐らく本書を手に取るのは後者の方が大半だと思いますが、本書は双方に向けて構成されております。

そこで、第1章では「これまでの『ラブライブ！』」と題し、今までのコンテンツ展開のおさらいをしながらその魅力を見ていきます。次の第2章では、「『ラブライブ！』の真の魅力に迫る！」と題し、この作品が多くの人を惹きつける魅力はいったい何なのか、その真髄に迫っていきたいと思います。

第3章「『ラブライブ！』はなぜ社会現象になったのか」では、もはや社会現象と言っても過言ではない『ラブライブ！』について、なぜここまで人気が広がったのかという点を述べたいと思います。やはり、ただ作品のクオリティが高いだけでは、社会現象と呼ばれるまでには至りません。クオリティは高いけれど全く有名ではない作品を、著者も多々見てきました。社会現象と呼ばれるようになるには、それだけ決定的な理由があるものです。第3章では、その理由に迫ります。

第4章「これからの『ラブライブ！』～羽を受け取ったのは～」では、第3章まで見てきた事柄を踏まえて、これからのコンテンツ展開を予測していきます。果たして、羽とは一体何のことでしょうか。羽を受け取ったのは誰でしょうか。第4章にて、一緒に見ていきましょう。

そして第5章「『ラブライブ！』が教えてくれた大切なこと」では、『ラブライブ！』から受け取れるメッセージをお伝えします。この作品を通して、私達は何が得られるのか。これから先の未来に、何かが活かせるのだろうか。そうした事柄に第5章で触れていきます。

アニメ版『ラブライブ！』の最初の1分12秒に込められた仕掛け。『ラブライブ！』に込められた「9」という数字の秘密。アニメ第2期の第9話放送直後に、公式が行ったとある秘策。「ススメ→トゥモロウ」と「START:DASH!!」の関係。「叶え！　私たちの夢――」が「叶え！　みんなの夢――」になった理由。

この作品に仕組まれたさまざまな謎や仕掛けを、時には心理学や素質論やマーケティング理論などを交えながら、本書で明らかにしていきたいと思います。

そして、本書を通して、皆さんにさらに『ラブライブ！』を好きになってもらえればと思います。

それでは、本書を最後までご覧頂ければ幸いです。

CONTENTS

第3章

第4章

第5章

第1章

これまでの『ラブライブ!』

『ラブライブ！』とは

まず最初の項では、『ラブライブ！』という作品の概要を見ていきましょう。

『ラブライブ！』とは、少子化の影響で廃校の危機におちいった音ノ木坂学院という高校を救うべく、その高校の女の子達が入学希望者を増やすために学校のアイドル（スクールアイドル）を目指す物語です。

美少女総合エンタテインメントマガジンと銘打つ「電撃G'sマガジン」、アニメ制作会社の「サンライズ」、そして音楽会社の「ランティス」による共同プロジェクトとなっています。作品に関わる会社や諸団体、関係者の数は、アニメの中でも非常に多い部類に入ると思われます。

舞台は神田や秋葉原といった、実在する場所を用いています。主人公の穂乃果達の通う国立音ノ木坂学院は、グラウンド等の一部が東京都武蔵野市の成蹊大学をモデルにしているようです。こちらは、企画当初の企画関係者のツイッターが情報元となっています。

また、キャラクターを演じる声優陣が、アニメの衣装や振りつけを高いクオリティで再現したライブを行ってきました。これらを始めとした二次元と三次元のコラボレーションにより、「μ's」という主人公達のアイドルグループが実際に存在するかのように見せる仕掛けが、この作品には数多く存在します。

「G's マガジン」ではキャラクターが読者からの質問に答えるインタビュー形式の記事も掲載されており、これもまた「μ's」が実在しているように、そしてそのメンバーの成長をファンが実際に応援しているように感じられる仕掛けだと言えます。

また、「μ's」のシングル曲には映像が付属しており、2Dの作画と3DのCGを組みあわせた新しい手法で、「μ's」のメンバーの動きを細やかに描いているのも特徴です。

そのシングル曲でセンターに立つキャラクターを決める総選挙もおこなわれており、ファンと制作者が一体となって、作品を作り上げていくというスタイルが一貫しています。

そして、公式サイトやポスターでは「みんなで叶える物語」というフレーズが数多く使われております。企画開始当初の「G's マガジン」の記事では、「みんなで叶える新しい物語」がキャッチフレーズとなっていました。

その企画開始を告知する記事には、ひとつのイラストが描かれています。桜の木々の中心に穂乃果が立っており、新しい物語の始まりを想起させるような、このプロジェクトを応援したいと思わせるような作りになっています。ちなみに、企画開始（穂乃果達のデビュー）は2010年の6月30日と告知されていました。

以上の点から分かるように、「ラブライブ！」という作品の特徴の一つは、G'sマガジン、サンライズ、ランティスという三方向からの共同プロジェクトが、「ファンと共に作品を作り上げていること」と言えます。

この点を念頭に置きつつ、次は作品の肝とも言えるキャラクターについて見ていきましょう。

キャラクター

『ラブライブ！』の特徴の一つは、個性豊かで可愛いキャラクターですね。

さて突然ですが、「最近のアニメのキャラクターを想像してください」と言われたら、あなたはどんな人物を思い描くでしょうか。元気系・ツンデレ・クール系・お姉さんキャラ・妹キャラ・真面目系・臆病系・ほんわか系など、色々な性格のキャラクターを想像するでしょう。ここでは、これらのキャラクターをカテゴリAと名付けます。

続いて、「一昔前の萌えアニメのキャラクターを想像してみてください」と言われたら、どうでしょう。これも人によって思い描く姿は様々だとは思いますが、猫耳・メイド・ドジっ子・魔法少女・女戦士・ロボット辺りが出てくるでしょうか。これらをカテゴリBと名付けることとします。

さて、『ラブライブ！』に登場するキャラクターは、実はカテゴリAに分類されます。元気系の穂乃果・凛、ツンデレっ子な真姫、クール系の絵里、お姉さん気質な希、真面目系の海未、ほんわか系のことりなどがそれに当たります。

つまり、カテゴリBの特徴を持つキャラクターは、一切登場していないのです。これは要するに、『ラブライブ！』のキャラクターが昔の萌えキャラクターの特徴を、敢えて外したものであるということです。

では、カテゴリBのキャラクターの特徴は何でしょうか。単刀直入に言うなら「非現実」です。一概には言えませんが、20年ほど前から数年ほど前。当時の萌えアニメと言えば、現実逃避の場という要素が強かったのです。

世知辛い世の中や現実の女性の存在から逃避し、二次元のキャラクターに理想を追い求める。「いや、今もそんなものだろう」という指摘があるかもしれませんが、その質は現在と過去ではかなり差があったのです。

昔の萌えアニメのキャラクターは、ある意味、記号化された萌え要素を持っていました。猫耳をつけたメイドがケーキの生地を運んでいたところ、思わずすっ転んでしまい、顔にクリームを付けながら涙目で主人公のことを見上げる。そうしたキャラクターに、視聴者は「萌え」という感情を抱いていたのです。

その時代の特徴を指摘したものとして、2005年に出版された『オタク市場の研究』（野村総合研究所オタク市場予測チーム著）という書籍があります。この書籍には、「作品の作り手がリスクを恐れて新しい個性をもつキャラクターを生み出せなかった」といった旨の記述があります。

さらに、2010年に出版された『ライトノベル新人賞攻略』（ライトノベル研究所、日昌晶著）という書籍では、「萌え要素のテンプレートが組み合わさったキャラクターばかりでは、オタク市場は衰退するだろう」といった旨の指摘があります。

つまり、特に10年前から数年前の時期は、同じような萌え要素をもったキャラクターに人々が飽きてしまい、オタク市場の衰退が危ぶまれた時代であったと言えます。

参考までに、いわゆる萌えアニメの象徴とも言えるライトノベル原作の作品は、2006年のハルヒブームを起点として数年に渡りDVD・BDの売上を伸ばしましたが、その後はＤＶＤ・ＢＤの売上は減少傾向にあります。

２００６年の『涼宮ハルヒの憂鬱』のＢＤ・ＤＶＤ売上が約４万枚であるのに対し、２００９年の『生徒会の一存』が約６千枚。２０１０年の『バカとテストと召喚獣』が約７千枚となっています。もちろん、これらの作品でも大ヒット作というカテゴリに入っており、売り上げが千枚にも満たない「萌えアニメ」も多々生まれてしまったのです。

特に、旧来の記号的な特徴をもったキャラクターが多い作品ほど、視聴者からの反応が薄くなる傾向にありました。

もちろん、作品ごとのＢＤやＤＶＤの売上は、特典の有無や各放送時期に放送されているアニメの総数など、作品自体の人気とは異なる要因も加わります。しかし、そうした要因を加味しても、やはりキャラクターの魅力が売上を左右することは傾向として存在するのです。

新しい個性をもつキャラクターを生み出したいものの、視聴者の受けが悪くてヒットしないというリスクは冒せない。アニメや漫画やライトノベル業界がそんな袋小路に立ったとき、新たな手法を使ってキャラクターを生み出していった作品があります。

それが『ラブライブ！』だったのです。

『ラブライブ!』は2010年に「G'sマガジン」で開始された当初から、読者参加企画という形を取っていたのが特徴です。

元々「G'sマガジン」には『シスター・プリンセス』や『Strawberry Panic!』など、読者参加企画の形を取った作品はすでにありました。

しかしこれらは、参加者数の数などを考えると、未完成の部分もありました。それに対し『ラブライブ』は、制作スタッフ(原案は公野櫻子さん)が基本的な設定を決め、読者からの質問に答える形で詳しいキャラ設定を追加したり、そうした設定に基づいて各メディアが独自の子細な設定をつけ加えていった作品です。つまり、読者参加企画のノウハウを完全に活かしきった作品は、『ラブライブ!』が初めてだったのです。

勘のいい方はお気づきかもしれませんが、「新しい個性を生んで、読者に受けないリスクをどうするのか」という問いに対し、『ラブライブ!』は「読者と共に段階的に作ればいいじゃないか」と答えたのです。

例えば、あなたが仮に、喫茶店を開店したとします。あなたは当然、より多くのお客さんにまた来てもらいたい、つまりリピーターを増やしたいと思うでしょう。リピーターを増やすために、あなたはどのような方法を取るでしょうか。

大半の人は、お客さんにアンケートを書いてもらうなどして、来店者の声を聞こうとす

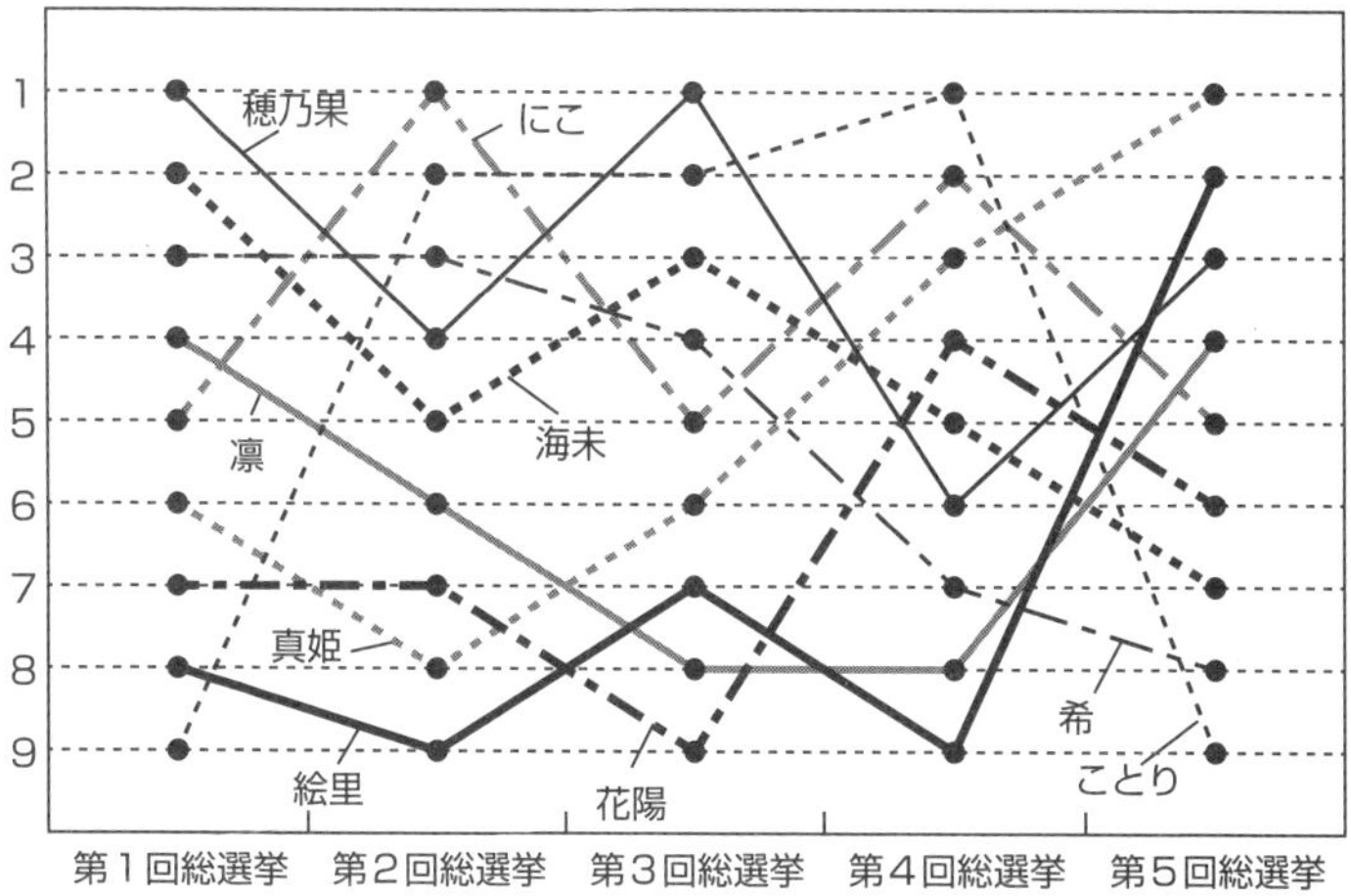

るでしょう。著者の知人で経営のコンサルタントを行っているO氏も、飲食店経営者にはアンケートの導入を必須としているそうです。
このようにして、喫茶店のオーナーはお客さんの声を聞きながらお店を作りあげていきます。それと同様に、読者の声を聞きながら作品を作りあげていく形式を、『ラブライブ!』は雑誌上の企画で取ったのです。
今までのアニメはいわゆる現実逃避の対象だったことから、作り手が前に出て視聴者(=お客さん)の声を積極的に聞こうとはしませんでした。しかし、現実逃避という魔法が切れ、「萌え」のテンプレートに視聴者が飽きてしまった今、作り手側が視聴者に歩みよることが必要だったのですね。

とはいえ、「G'sマガジン」の読者参加企画は、人気のキャラクターを生み出すことに100%成功したのでしょうか。答えは「NO」です。

前ページの図は『ラブライブ!』のシングル曲のセンターポジションを決める、総選挙の結果です。第五回目までの結果をまとめています。

1位のキャラクターがセンターとなるため、第1回総選挙（2ndシングル）では穂乃果がセンター、第2回総選挙（3rdシングル）ではにこがセンターといった見方をしてください。

さて、一番最近に行われた第5回総選挙は、アニメ放映終了後に行われた総選挙です。第1回から第4回までと第5回で、決定的に順位が異なるキャラクターがいますね。

それが、絢瀬絵里です。

絵里は「8位→9位→7位→9位」と来たあと、いきなり2位まで急上昇しています。なぜアニメ放映後の総選挙で急上昇したのでしょうか。それは、アニメ化以前とアニメ放送後で、彼女の性格や立ち居振る舞いが異なっていたからです。

先ほど、『ラブライブ!』は「各メディアが独自の子細な設定をつけ加えていった作品」

であると述べました。各メディアの中にはアニメ制作会社も含まれるため、アニメとその他ではキャラクターの細かい設定が異なっているのです。

では、人気が低迷していたアニメ化以前の絵里の性格はどうだったのでしょうか。

2ndシングルの「Ｓｎｏｗ ｈａｌａｔｉｏｎ」（2010年12月22日発売）には、「聖夜の女の子たち。……まだ明るいけど」と「あなたとクリスマス」という、ドラマＣＤ形式の音声トラックが収録されています。

この「あなたとクリスマス」では、絢瀬絵里は以下のような台詞を言っています。

「だから私は、ダーリンを家族みんなに紹介するわ」

「みんな、私のダーリンを見てどう思うかな」

「玄関で、別れ際にみんなの目を盗んで……お別れのキス」

つまり、視聴者を翻弄するような言葉で、「ダーリン＝視聴者」への想いを投げかけているのです。

このようなキャラクターは、どちらかと言うとカテゴリＢに属するのではないでしょうか。外見的な萌え要素はないものの、あくまで視聴者が現実逃避をするための、疑似恋愛的な要素が強く出ている言動をしていますよね。

しかし、カテゴリＢには視聴者は飽きてしまっているのです。そのため、第1回総選挙から第4回総選挙では、残念ながら絵里は得票数が低迷していました。

そこで、アニメスタッフは『ラブライブ！』のキャラクターの言動を、そして特に絵里の性格を大幅に変更しました。まず、CDのドラマパートにあるような「ダーリン＝視聴者」の存在はありません。疑似恋愛の要素は徹底的に排除しました。

次に、絵里の性格やポジションを大人でエロティックな女性から、面倒見の良いしっかりした生徒会長へと変更しました。漫画では穂乃果と幼馴染で、最初から仲のよい設定である一方、アニメではあえて最初は穂乃果と対立させています。

その方向転換の成果が、第5回総選挙の2位という結果に表れているのです。方向転換は、大成功だったわけですね。

これはアニメのスタッフがカテゴリAとカテゴリBを漠然とでも分類し、キャラクターをよりカテゴリAに近づけた結果だと、著者は推測しています。

また、「聖夜の女の子たち。……まだ明るいけど」では、「μ's」のキャラクターたちがクリスマスは彼氏と過ごしたいか否かで議論をしています。現在のキャラクター設定から考えると、当時の設定や作品の方向性は、今とかなり変わっていることが分かりますね。

ちなみに海未には弟がいる設定でしたが、現在その設定は無かったことになっています。

これらのことから、現在の作風は男性を極力排除した形をとっていることが分かります。

穂乃果の父と真姫の父（School idol diaryや漫画版など）、にこの弟の虎太郎以外は殆ど男性が出てこないため、作風自体に大転換が起こったことが伺えるのではないでしょうか。

絵里とは逆に、ことりは第5回総選挙で1位から9位に転落しているのですが、これは総選挙があくまでセンターを決めるものであるため、同じキャラが二回連続で1位を取ることを避ける傾向にあったのが一つの理由です。

このことからも、ファンの心遣いを反映できる場が設けられており、ファンが作品に参加していることが分かります。

一方、大きく順位を落としているのには、やはりアニメ第1期終盤でのことりの立ち回りも、この結果に響いていないとは言いきれません。その件については、次の項目の「ストーリーについて（アニメ第1期）」にて触れていきたいと思います。

そして、各キャラクターについては「第2章『ラブライブ！』の真の魅力に迫る！」の「素質論から学ぶ彼女達のカンケイ」にて深掘りしていきます。

総選挙についての補足ですが、総選挙はあくまでセンターを決めるための投票なので、人気投票とは少し性質が違います。そのため、総選挙で順位が低い＝人気がないとは一概には言えません。

例えば、第4回までの総選挙で絵里の順位が低かったのは、声優の南條愛乃さんが当時多忙でライブに出演できない可能性があったため、絵里をセンターにするのをファン同士で避けたといった面もあったようです。

ストーリーについて(アニメ第1期)

キャラクターがいかに魅力的であっても、そのキャラクターを動かすストーリーの評価が低ければ人気にはなりません。

「キャラクターは可愛かったのに、ストーリーは駄目だったな」

このように思ってしまう作品は、やはり人気作とは言えませんよね。そこでここから3つの項目では、アニメのストーリーにスポットを当て、どこに魅力の要素があるのかを見ていきます。

この項では、アニメの第1期を見ていきます。アニメ全13話は、その内容から大きく3つに分けることができます。

まずは第1話から第3話まで。穂乃果、ことり、海未の3人がスクールアイドルを結成して、ほかの6人と徐々に関係を築きながら、空っぽの講堂でライブを行います。第3話の終わりに希が「完敗からのスタート」と言ったように、苦戦しながら手さぐりで活動を続けるさまが、視聴者の心をぐっと惹きつけます。

次に、第4話から第8話まで。真姫、凛、花陽、にこ、絵里、希の6人が加わり、9人そろっての初ライブを行うまでを描いています。第8話の終わりに穂乃果が「私達のスタートの曲です」と言うとおり、9人そろったこの話で、1ｓｔシングルの「僕らのＬＩＶＥ　君とのＬＩＦＥ」を歌っています。

そして、第9話から第13話まで。スクールアイドルのショップにグッズが並んだり、スクールアイドルの大会「ラブライブ！」出場に向けて順位が上がったり、合宿をおこなったりと順調に歩みを進めていきました。

その一方で、穂乃果が体調を崩し、「ラブライブ！」出場が取りやめになり、ことりが留学を決意し、穂乃果が「μ's」を辞め、とシリアスな展開が続きます。最後には、ふたたび9人がそろって講堂でライブをおこなって締め括りとなります。

ライブの最後には、「μ's」のメンバーと観客が一斉に「『μ's』、ミュージック、スタート！」と言っており、『ラブライブ！』のお話がこれからも続くことを示唆し、物語は第

2期へと続きます。

さて、第1期を大きく3つのブロックに分けましたが、この3つには共通点があります。全てのブロックの最後に「スタート」という言葉が絡んでくるのです。

一般的なアニメやゲーム、小説や舞台演劇では、作品が終わるとともに物語の完結を迎えることが多いですよね。しかし、この『ラブライブ!』という作品は、最初から最後まで「スタート」という言葉にこだわり続けました。

理由は恐らく、ストーリーを完結させないためです。

ロールプレイングゲーム（RPG）を例に挙げます。最後の敵（ラスボス）を倒してゲームクリアとなった後は、よっぽど思い入れのあるゲームでない限り、クリアしたら多くの人はそのゲームを止めるはずです。

逆に、最後と思われていた敵を倒したあとに、さらなる広大な世界と壮大なシナリオが続くとしたら、プレイヤーはきっとまだそのゲームをやり続けるはずです。

実は、今のゲームには後者が多くなっています。最終ボスを撃破しストーリーをクリアした後に、友達と協力したり、全世界の人と対戦したり出来るのです。ストーリーの終了は、終わりではなくむしろ始まりなのですね。

『ラブライブ!』はアニメですが、この手法を上手い形で取り入れています。

もし全13話が終了（＝ストーリークリア）したとき、以下のような状況だったらどうなっていたでしょうか。

「『ラブライブ！』で優勝しました！」

「順風満帆で、みんな幸せでした！」

「アイドルとしてこれ以上やることは無いです！」

このようになってしまったら、放送後にここまで話題になることはなかったはずです。このように完結させるのではなく、「ここからが本当の『μ's』の始まりです」と物語を締めることによって、視聴者達には「これから先、『μ's』はどんな世界を見せてくれるのだろう」と一層期待感が膨らんでいきます。

まさに、アニメ第1期の最終話で海未が穂乃果に言った台詞。

「連れて行ってください。私達の知らない世界へ！」

という言葉が、視聴者の気持ちと重なるのですね。

だから、まだまだ『ラブライブ！』の世界に触れたいがために、視聴者達はアニメ第1期の放送終了後に開催されたライブにもワクワクした気分で参加しました。そしてソーシャルゲーム（スクールアイドルフェスティバル）もプレイし、第2期の決定に大歓声をあげたのです。

実は、第1期の『ラブライブ!』のストーリーはここに魅力があるのです。もし順風満帆にストーリーが進み、ことりが離脱しなかったり、「ラブライブ!」に出場して優勝したりしていたら、ここまで人々の心に『ラブライブ!』が沁みることは無かったのではないでしょうか。

第1期終盤でのことりや穂乃果の立ち回りには賛否両論がありますが、著者としては、ここで新たなる始まりを想起させ、第2期以降のコンテンツ展開に繋げるためには必要だったことだと感じます。

もちろん、話を完璧に完結させることで不朽の名作となった作品も沢山あります。『ラブライブ!』第1期の場合は、ファンと共に作品を作り上げるという要素が根幹にあったため、始まりを示唆してファンと共に前に進む終わり方が最適だったと言えますね。

また、「終幕」という言葉があるように、多くの舞台作品では作品の終わりと同時に緞《どん》帳《ちょう》という幕が下ります。しかし、第1期最終話のステージでは幕が下りません。この演出からも、公式が第1期でコンテンツを終わりにせず、第2期へと続けるつもりだったことが伺えますね。

『ラブライブ!』第1期のストーリーにおける、もうひとつの工夫についても触れておきます。

アニメの制作陣が一番恐れている展開の一つに、いわゆる「3話切り」というものがあります。とりあえずアニメの視聴はしておいて、3話で視聴を続けるかどうか決めるという見方です。

毎クールに何十作とある新作アニメを全て見続けるのは非常に困難なので、とりあえず3話辺りまで見てから、視聴するアニメを絞る。アニメをよく見る方は、自然と行っているのではないでしょうか。

こうした3話切りによって、多くの視聴者が3話以降に離れていくのを、アニメ制作者は避けようとします。

例えば『魔法少女まどか☆マギカ』は、第3話で巴マミが死に、物語が一気にシリアスに叩き落ちることで、その衝撃から3話切りをする人が極限まで減った作品です。むしろ、その展開が話題を呼び、第4話以降さらに視聴者が増えたと言われています。

『ラブライブ！』の第3話といえば、空っぽの講堂でのライブ、完敗からのスタートです。そのライブで歌った曲は、これからのスタートをひたむきに訴える「START：DASH!!」という曲でした。この話で視聴をやめる人は、言わずもがな少ないでしょう。

ファーストライブを行った第3話、9人で初めてライブを行った第8話、そして講堂を満員にして大成功のライブを収めた最終話。このように、ストーリーに盛り上がりを見せる場面を作ることで、『ラブライブ!』は視聴者をより作品に惹き付けていったのですね。

『ラブライブ!』第1期のストーリーの魅力や仕掛けがどこにあるのか、分かって頂けたでしょうか。次は第2期のストーリーについて、その展開と魅力を見ていきましょう。

ストーリーについて(アニメ第2期)

アニメ第1期が「スタート」の物語だとすると、アニメ第2期は「ゴール」に近付く物語だと言えます。「μ's」の解散、「ラブライブ!」での優勝、3年生の卒業など、目標の達成や物事の終わりと向き合う物語がメインでしたね。

とはいえ、アニメ第2期でも作品を完全に終わらせることはしませんでした。完全には終わらないいけれど、「ゴール」に近付く。この絶妙なストーリー展開について、より詳しく見ていきましょう。

まずは第1話から第3話まで。1話にて、早速「卒業」という言葉が出てきます。

「そうよ。3月になったら、私達3人は卒業」

神田明神での、絵里の台詞です。この台詞とほぼ同時に、雨が降りはじめます。

「それに、スクールアイドルで居られるのは在学中だけ」

絵里の後に、希の台詞が続きます。3年生と一緒にすごす時間の終わりだけでなく、9人のスクールアイドルとしての終わりも仄めかされています。この2人の台詞からも分かるように、『ラブライブ!』第2期は、終わりへと近づいていく物語であることが分かりますね。

しかし、もちろんただ終わりに近づくためだけの、しんみりとしたお話ではありません。その後、穂乃果は一度断念しようとした「ラブライブ!」への出場を決意し、心情の変化と呼応するかのように雨を止ませます。

ただ終わりに近づいていくだけではなく、終わるまでに何ができるか。何か、この9人で出来ることはないのだろうか。その答えが、「ラブライブ!」へ出場すること。そして、「ラブライブ!」で優勝することだったのです。

第2話の合宿、第3話の大会予選を踏まえて考えると、アニメ第2期は「μ's」9人と、それを支える周りの人達の物語であることが分かります。言い方を換えれば、周りの人に支えられながら、「μ's」9人がさらなる飛躍を遂げる物語だと言うことができるでしょう。

特にアニメ第1期と比較すると、廃校回避という緊急性のある目標はありませんし、ことりの留学といったメンバー内の緊急の騒動もありません。アニメ第1期がある意味ドタバタとした成長物語だとすれば、アニメ第2期は終わりの足音がコツコツと音を立てて近づいてくるような、ゆっくりとした物語とも言えます。

その証拠に、第4話から第8話までは、各メンバーにスポットを当てながら、卒業や大会というイベントとは少し離れたところで物語が進んでいきます。終わりに近づきつつも、その終わりと向き合うことに終始しないという作りは、まるで終わりから敢えて目を逸らしているようでさえあります。

「生徒会、大丈夫そうやね」

第7話にて、予算会議の揉め事を解決した新生徒会メンバー（2年生組）を見て、希が言った台詞です。

今までは希と絵里が、生徒会の手伝いをしていたこと。この台詞を言った後に、希の表情が寂しげな色を帯びること。これらの事柄から、この台詞には以下の言葉が省略されていると推測できます。

「生徒会、『ウチらが居なくても』大丈夫そうやね」

終わりからは敢えて目を逸らしながらも、言葉には明確に出さずとも、各メンバーはその「終わり」を感じていたのでしょう。ダイエットと生徒会の話で、あまり重要なエピソードだとは評価されにくい第7話ですが、『ラブライブ！』第2期のテーマが「終わりへと近づいていく物語」であることを考えると、とても重要な回であるように感じます。


話は少し逸れますが、アニメ第6話終盤のシーンは、海外ドラマの『ｇｌｅｅ』との類似点が指摘されました。やはり、『ラブライブ！』第2期を語る上でこの指摘を無視することは出来ないと思いますので、著者の見解を述べさせて頂きます。

2つの作品の類似が、いわゆる「パクリ」なのか「オマージュ」なのかは線引きが難しいところではあります。しかし、特に映画では、他作品のワンシーンをオマージュとして引用することは珍しくないようです。

例えば、ダーレン・アロノフスキー監督作の『ブラック・スワン』は、今敏監督作の『パーフェクトブルー』への明らかなオマージュが指摘されています。映画評論家からの指摘がありつつも、当監督は否定しています。しかし、いわゆるパクリではなくオマージュであるというのが、この一件の着地点のようです。

パクリとオマージュは線引きが難しい上、他作品からの明らかな引用でもオマージュと評価される傾向にあることから、一概に『ｇｌｅｅ』のパクリと断言はできない。これが

『ラブライブ!』第2期第6話への指摘の落とし所だと、著者は結論付けます。

話を第2期のストーリーに戻しましょう。第9話と第10話は、ある意味『ラブライブ!』のコンテンツ全体と向き合う話でした。第9話では2ndシングルの「Ｓｎｏｗ ｈａｌａｔｉｏｎ」を歌い、第10話では「みんなで叶える物語」という、『ラブライブ!』のキャッチフレーズが登場しました。コンテンツのコアの部分とアニメのストーリーがリンクし、以降の集大成へと向かう流れが形作られます。

第10話では「μ's」が地区予選で「Ａ-ＲＩＳＥ」に勝ったことが判明しますが、その結果について以下のような疑問を呈する方もいます。

「練習している描写もあまりない『μ's』が、何で『Ａ-ＲＩＳＥ』に勝てたの?」

「Ａ-ＲＩＳＥ」は、ＵＴＸ学院のトップアイドルグループです。ＵＴＸ学院の人気が音ノ木坂学院の廃校危機の要因のひとつであることから、「μ's」のライバルとしての側面が強く描写されてきました。

ちなみに、「ＵＴＸ学院」という名義はアニメ第1期のもので、アニメ第2期では「ＵＴＸ高校」となっています。ここでは便宜上、ＵＴＸ学院の名義を使用します。

「Ａ-ＲＩＳＥ」の人気は学院内外を問わず凄まじいもので、その実力も他のスクールアイドルを圧倒していました。

第1期の第7話にて、「一番実力があるという『A－RISE』も、素人にしか見えない」と言っていた絵里は、第2期の第3話で実際にライブを目の当たりにしたところ、「……」と無言になってしまいました。このことからも、「A－RISE」のパフォーマンスが並外れたクオリティであることは間違いありません。

その「A－RISE」に、なぜ「μ's」は勝つことができたのか。

まずひとつには、「μ's」の練習風景はアニメ内で強く描写されなかっただけで、もちろん他のスクールアイドルと同等以上に練習を重ねていたこと。これはほぼ自明だと思われます。

次に、スクールアイドルとファンとの関係性が挙げられます。第3話のUTX学院屋上でのライブにて、「A－RISE」のライブと「μ's」のライブでは、決定的に違うところがありました。その違いとは、いったい何でしょうか。

答えは、ファンの存在です。「A－RISE」のライブには、その前後を含めてファンの存在が描写されませんでした。一方、「μ's」のライブ前には、穂乃果達のクラスメイトが応援に駆けつけるシーンが描かれています。

ファンの描写の有無が分かれたこのときから既に、まさに明暗が分かれていたと言えるのではないでしょうか。

つまり、言ってしまえば「A‐RISE」が圧倒的なパフォーマンスでファンを惹きつけるタイプだったのに対し、「μ's」はファンと一緒に階段を上っていくタイプだったのです。だからこそ、第10話で「μ's」のキャッチコピーが「みんなで叶える物語」になったのですね。

また、「ユメノトビラ」のライブで、「A‐RISE」の居る場所に光が当たっていないシーン。このシーンで、「A‐RISE」のリーダーである綺羅ツバサはフッと笑みを浮かべます。

この時点で既に、「A‐RISE」すらも「μ's」のファンとなりつつあったのかもしれませんね。

ちなみに、ファンと一緒に階段を上っていくというのは、実際の『ラブライブ!』のコンテンツ自体ともリンクしています。この「二次元と三次元のリンク」ともいえるものが、『ラブライブ!』の絶大な人気の秘密を紐解くキーワードになります。「第2章 『ラブライブ!』の真の魅力に迫る!」や「第3章 『ラブライブ!』はなぜ社会現象になったのか」にもつながるキーワードですので、ぜひ頭の片隅に入れておいてください。

さて、「A‐RISE」にも勝利した「μ's」は、第11話から第13話にかけて「μ's」の解散・

「ラブライブ！」優勝・3年生の卒業式という3つの大きな区切りを迎えます。この3つの話はアニメ全体の集大成とも言えるため、ここまでの積み重ねから涙を流したファンも多いのではないでしょうか。

ちなみに、著者は第13話をライブビューイングでの上映イベントにて視聴しました。第12話までの積み重ねと劇場で見られるという感慨から、開始15秒の「ススメ→トゥモロウ」が流れるところで既に泣いていました。

何も早ければ良いというわけではありませんが、恐らく会場では最速号泣記録をマークしたのではないでしょうか。

もちろん、ライブビューイングで映画化の発表がされたときの感動は、言うまでもありませんね。

その劇場版へと繋げるために、アニメ第2期では「完全に終わらせる」ということをしませんでした。というのも、3年生は卒業式は迎えたとしても、実は完全な卒業をしていなかったのです。

アニメ第13話のラスト、あと一歩でも踏み出せば校門を出るというところで、「μ's」9人は足を止めます。絵里が「じゃあ、行くね」と言った瞬間、花陽のスマートフォンが鳴り、「あ、あああ……大変ですぅ！」と叫びます。

その後、9人全員が部室へと駆け出していき、「Ｈａｐｐｙ　ｍａｋｅｒ！」を踊って第2期は終局となります。

ここで大事なのは、制服を着た状態で校外に出てはいないということ。つまり、卒業式は迎えたものの、まだ卒業はしていないという絶妙な状態で第2期が終わったということです。

そして、「Ｈａｐｐｙ　ｍａｋｅｒ！」の最後で穂乃果はこのように言います。

「さあ、行こう！　私達と一緒に、見たことのない場所へ！」

この台詞、どこかで聞いた覚えはないでしょうか。

アニメ第1期の最終話で、海未が穂乃果に言った言葉。

「連れて行ってください。私達の知らない世界へ！」

この言葉と、リンクしているのですね。つまり、アニメ第1期とは異なり、第2期は終わりと向き合うストーリーであったものの、第1期と同様に始まりを想起させる結末だったということです。

これが、「終わりへと近づいていく物語」の正体です。確かに穂乃果は「やり遂げたよ、最後まで」と言うように「最後」という言葉を使いましたが、それは一つの側面（「μ's」の思い出作りなど）の最後です。

終わりへと近づいたけれど、まだ完全には終わらない。そして、また新たに始まることがある。その新たな世界へ、一緒に行こう！　というのが、この第2期での一番大きなメッセージだと言えます。

悲しくて切ない終わりは、『ラブライブ！』には似合わなかったのではないでしょうか。むしろ、そんな終わりは穂乃果達が許さなかったのかもしれませんね。

では、第2期が「終わりへと近づいていく物語」だとしたら、劇場版はどんな物語なのでしょうか。そう、「終わらせる物語」ですね。

ストーリーについて（劇場版）

劇場版『ラブライブ！』の90秒の予告映像には、以下のフレーズが出てきます。

「最後に何ができるのか？」

つまり、劇場版『ラブライブ！』のテーマは「終わらせる物語」なのです。

劇場版のストーリーの構成は、大きく2つに分けることが出来ます。前半部分はニューヨークでのライブ編、後半部分は日本でのライブ編です。特に後半部分が、「終わらせる物語」というテーマ性が色濃く出ています。

後半部分を見ていく前に、前半と後半に共通して出てくるとある人物にスポットを当ててみましょう。映画にしか出てこないキャラクター、「女性シンガー」です。

この女性シンガーですが、明確には正体が言及されていないため、映画を見たファンの間でさまざまな憶測が飛び交いました。その中で一番信憑性の高い説は、やはり「穂乃果の未来の姿」という説です。

理由としては、目の色や言動のクセ。「μ's」メンバーの中で穂乃果にしか見えていないこと。穂乃果の家に入ろうとしなかったこと。彼女も過去にとあるユニットを組んで解散したこと。そして、彼女の歌っていた曲が「As Time Goes By」（和訳は「時が経つにつれて」）だったことなどが挙げられます。

極めつけは、7月におこなわれた舞台挨拶にて、「女性シンガーのアフレコは、新田恵海さん（高坂穂乃果役）がまず見本を見せてから収録された」といった旨の話がされたことです。

これらの点から、女性シンガーは未来の穂乃果であるという説は間違いないと判断して良いでしょう。その上で、さらにもう一歩女性シンガーについて踏み込んでいきたいと思います。

それは、女性シンガーは穂乃果が「選んだ」未来の姿なのか、それとも、穂乃果が「選ばなかった」未来の姿なのかという点です。

女性シンガーが、穂乃果が「選んだ」未来の姿である場合。この物語の主人公、高坂穂乃果の将来の姿が女性シンガーとなります。この説が正しいとすると、女性シンガーは「μ's」を解散させた未来の穂乃果の姿です。

女性シンガーが、穂乃果が「選ばなかった」未来の姿である場合。この物語の主人公、高坂穂乃果ではない別世界に生きる穂乃果の将来の姿が女性シンガーとなります。この説が正しいとすると、女性シンガーは「μ's」を解散させなかった未来の穂乃果の姿です。

この2つの説ですが、著者は後者を推します。

まずは感情論ではありますが、著者の視点からすると、あの女性シンガーが幸せそうだったとはどうしても思えなかったんですね。かつて「μ's」として光の道を歩んだ彼女が、一人でシンガーとしての夢を追い、一人でニューヨークの街で歌っている。

これは著者のエゴだとは思うのですが、その姿は穂乃果らしい穂乃果ではないな、と思いました。女性シンガーが本当に未来の穂乃果だとしたら、『ラブライブ！』の結末はとても悲しいな……と感じてしまったのです。

その後、「女性シンガーはこの世界の穂乃果が選ばなかった未来の穂乃果」という説を見い出し、それがしっくり来るようになったんですね。

「μ's」を解散させなかった穂乃果は、なし崩し的に「μ's」を続け、行き詰り、歌への未練を捨てきれずに独りニューヨークへ。「μ's」を解散させた穂乃果は、しっかりと区切りをつけ、大切な仲間とともに新しい未来へ。

あの女性シンガーは「μ's」を解散させなかった未来の穂乃果であり、本編の世界の穂乃果は、女性シンガーにはならない。

「女性シンガーの正体は、本編の世界ではない穂乃果の未来の姿である！」

というのが、まず個人的な感情として推したい説なのです。

次に、劇場版『ラブライブ！』のテーマ性から女性シンガーの正体を考察していきましょう。

劇場版『ラブライブ！』のテーマは、先ほど書いたように「終わらせる物語」です。言い換えれば、「μ's」を無理に続けることなく、綺麗に終わらせることがこの映画のハッピーエンドであり、正規ルートとなります。

しかし、穂乃果は「μ's」を続けるべきか否か迷います。

「『μ's』を終わらせないで！」

というファンの声に応えようとして、活動を続けるべきか迷ってしまうのです。その迷いが頂点となったときに、女性シンガーがふたたび穂乃果の前に現れます。女性シンガーは「こうしたほうがいい」とは言わずに、決断を穂乃果自身に委ねます。

この穂乃果と女性シンガーのやり取りでひとつ、非常に重要なシーンがあります。女性シンガーが「跳べるよ」と言い、穂乃果が大きな水たまり（湖・泉）をジャンプするシーンです。

この女性シンガーの言う「跳べるよ」という言葉は、穂乃果が自分で決断し、次のステップへと進むことができるということの象徴ではないでしょうか。何故なら、穂乃果が水たまりを跳んだことをキッカケに、穂乃果は「μ's」を終わらせることを決意したからです。

さて、「跳べるよ」と言った女性シンガー自身は、どうなったでしょうか。彼女は穂乃果と一緒に跳ぶのではなく、跳ぶ穂乃果を見送ります。

このことから、穂乃果は跳び、次のステップへと移行した（＝「μ's」を解散した）こと。女性シンガー（別の世界軸の穂乃果）は跳ばず、次のステップには移行しなかった（＝「μ's」を解散しなかった）こと。この2点が明らかとなります。

つまり、女性シンガーは「μ's」を解散させなかった世界軸の穂乃果であるということが分かるのです。

仮に女性シンガーが本編の世界軸の穂乃果だとしたら、女性シンガーは穂乃果と一緒に跳んでいるはずです。未来の自分と協力し、大きな壁を乗りこえる展開は、本来であればとても熱く感動的なシーンのはずですよね。

しかし、穂乃果と女性シンガーは一緒には跳びませんでした。その時点から、穂乃果と女性シンガーの行く先は分かれたのです。本編の世界の穂乃果は、女性シンガーにはならないということが考えられますね。


さらに、「女性シンガーは『μ's』を解散させなかった未来の穂乃果である！」という説を立証する根拠がもうひとつあります。それは、ケースに入ったマイクの存在です。

このマイクは、歌を続けること、つまり、穂乃果が女性シンガーとなることの象徴と言えます。

このマイクが入ったケースを、穂乃果は本編で開けたでしょうか。答えは否ですね。

このマイクですが、時間軸で考えるとパラドキシカルな存在です。まずはそのパラドックスについて、詳しく説明します。

SF作品などで、物事の始まりとなる点が分からないものはタイムパラドックスを引き起こしています。始まりとなる点（始点）の分からない無限の繰り返しを、比喩的に表現

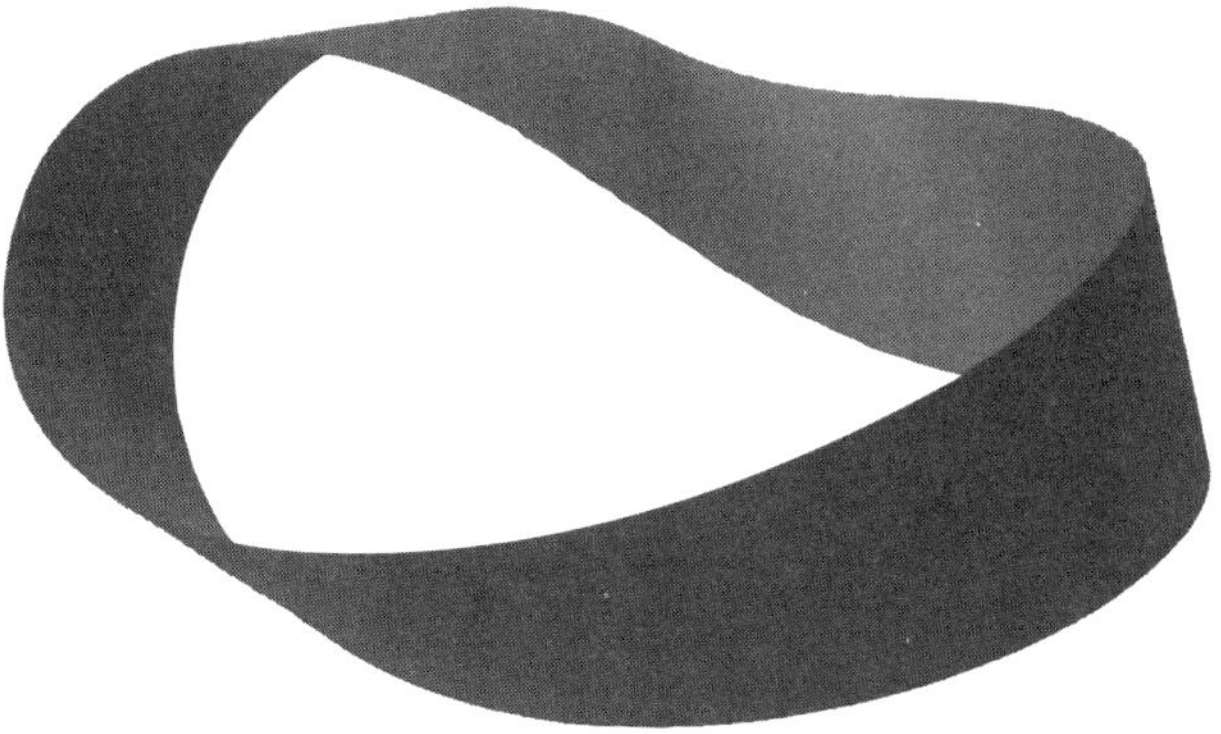

したのが「メビウスの輪」というものです。
この画像を見ていただけると、端というものが存在しないことが分かりますね。始点を辿ろうとしても、端がないため堂々巡りになってしまいます。このことから、始点が存在しないという意味が理解していただけると思います。
さて、本編の穂乃果がニューヨークで手に入れたマイクは、（世界軸が違う）未来の穂乃果の所持品です。これは未来からやって来たもので、いつ手に入れられたのかという、始点となる箇所が存在しません。始点となる箇所が存在しないため、このマイクはタイムパラドックスを引き起こしています。
一方、秋葉原で再会した際に女性シンガーが持っていたマイクは新たに女性シンガーが購入したもので、こちらは時間軸のパラドックスは起こりません。

マイクが二種類あるので時間軸の考察がやや煩雑になりますが、ここでは後者のマイクは考えず、パラドックスを起こしている前者のマイクに絞って考えます。結論から言いますと、このマイクの入ったケースは、穂乃果が女性シンガーになるための「スイッチ」です。

スイッチとはどういうことかと言いますと、本編の穂乃果の世界軸を女性シンガーの世界軸と重ねるためのキッカケのようなものです。

先ほど触れたように、ケースに入ったマイクは穂乃果が女性シンガーとなることの象徴です。つまり、穂乃果がこのマイクのケースを開けることが、穂乃果が歌を続け、穂乃果=女性シンガーとなる扉を開けるスイッチのようなものです。

いわゆる、浦島太郎の玉手箱のようなものですね。浦島太郎は、箱から出てきた煙を浴びて一気に年寄りになってしまいます。この年月の経過=時間転移のキッカケとなったのが、箱を開けるという行為なのです。

このように書くと、開けてはならないパンドラの箱を想像する方も居るかと思いますが、まさにこのマイクのケースはパンドラの箱と言えます。というのも、このマイクは穂乃果が歌を続けるということの象徴であり、女性シンガーとなることの象徴であり、劇場版『ラブライブ！』が「終わらせる物語」ではなくなってしまう象徴でもあるからです。

繰り返しになりますが、「μ's」を無理に続けることなく、綺麗に終わらせることがこの映画のハッピーエンドであり、正規ルートとなります。要するに、マイクの入ったケースは正規ルートから逸れてしまう、開けてはならないパンドラの箱だったのですね。

こう考えると、少しホラー的な要素があるように感じるかもしれません。実際のところ、この非正規ルートに入るという事態は間一髪で免れました。裏を返せば、少し歯車が噛みあわなければ、穂乃果はマイクのケースというパンドラの箱を開けていたことになります。

どういうことかと言いますと、穂乃果がマイクのケースを女性シンガーに返せなかった後、自室にてマイクのケースに視線を送るシーンがあります。

まるで、自然な流れでそのケースを開けてしまうかのように、引き寄せられるかのように視線を送ります。

しかし、このケースが開けられることはありませんでした。というのも、その直後に電話が掛かってきたからです。

「3年生で話し合ったのだけど、やっぱりμ'sは続けないことにしたの」

といった旨の、絵里からの電話でした。

「μ'sを続けないことにした」というメンバーの決意が、穂乃果が歌を続けること、すなわちマイクのケースというパンドラの箱を開けることを防いだのです。何気ないワンシーンに、間一髪の危機回避があったのですね。

ぜひ、劇場版がＢＤで発売されたときには、購入してこのシーンを見返してみてください。何気ないように見えたワンシーンが、この点に注目すれば見え方がガラッと変わるはずです。

さて、終わらないことを回避した『ラブライブ！』の物語は、当然終わりに向かって進んでいきます。注目すべきはラストのライブ。このシーンには、スタッフの苦渋の決断が見て取れるのです。

「僕たちはひとつの光」が歌われたラストライブですが、このライブ、過去のアニメのライブと決定的に違う点があります。

それは、「観客が一切映らない」ということです。

劇場版の終盤はかなり怒涛ともいえる展開で、春になり雪穂と亜里沙が入学したと思いきや、2年が経ち3年生へ。3年生となった雪穂と亜里沙が、「μ's」のラストライブを振り返る形でライブシーンに移ります。

このライブで、観客は一切映らないのです。今までの多くのライブでは、ファンとの繋がりを明らかにするために、ライブ中やライブの前後にファンの姿を映してきました。前の項では、「ユメノトビラ」のライブシーンを例に出しましたね。

それでは「僕たちはひとつの光」でファンの姿が映らなかったのは、いったい何故でしょうか。

答えは、あのライブによって「μ's」が我々ファンの手の届かないところに行った、ということです。ラストライブはあくまで、「μ's」の完全なる終わりとして、「μ's」だけを映したライブでした。

未練はあれど、ファンの声に応えようと無理に引き伸ばして続けても、それは必ずしも幸せな結末にはならない。そのことは、女性シンガーという存在も象徴しているように感じます。

「だからこそ、ここで『μ's』を終わらせる」

そんなメッセージと決意を、『ラブライブ！』の制作陣から感じ取りました。観客を振り切るかの如く急展開で時間を進めたのは、未練なく「μ's」を終わらせるため、敢えて振り切ったということなのでしょう。

でなければ、ファンと共に歩んできた『ラブライブ！』という作品のライブシーンで、観客＝ファンを描かないわけがないからです。

さらに、このラストライブでは、「μ's」の終わりを暗示するものが描かれていました。

それが、彼女達が踊っていたステージの「蓮の花」です。

この蓮の花は、仏教においてとても重要な意味をもっています。泥の中より生まれ大輪の花を咲かせることから、辛く苦しい人生を生き抜いてこそ実を結ぶという仏教の教えの象徴となっています。

また死後、蓮の花に乗り極楽浄土へと往生し、輪廻転生を終え恒久的な存在となる象徴でもあります。

蓮が輪廻転生からの脱却を象徴するのは、今敏監督作の「千年女優」という作品でも描かれています。

現実では決して実らない恋をして、劇中（つまり劇中劇）でも報われない恋を演じ続けていた女優が、自らの死と共に自身のエゴを認識し、報われない恋という永劫回帰から脱却するストーリーです（解釈は諸説あります）。

蓮が本編中の各所に描かれているのに加え、主題歌は平沢進さんの「ロタティオン（LOTUS2）」です。LOTUSは、日本語で蓮を意味します。輪廻転生を終える象徴である蓮が、メタファーとして当作品の各所で使われているのですね。

こうした蓮の花の特徴から、「μ's」について読み取れることが二つあります。

一つは、「μ's」は数々の困難を乗り越え、大輪の花を咲かせたということ。そしてもう一つは、「μ's」はスクールアイドルとしての姿を終え、永遠に語り継がれる象徴的な存在となったということです。

このダブルミーニングが、蓮の花として描かれているのです。

さらに、蓮は往生した後に身を一つに托すこと。すなわち「一蓮托生」の象徴でもあります。「μ's」9人が蓮の花に乗っていたことは、「μ's」9人の永遠の絆を表しているように感じられました。

ファンを描かずに、蓮の花を描いた「μ's」のラストライブ。このライブから分かることは、「μ's」の物語をしっかりと終わらせることが出来たということです。「終わらせる物語」である劇場版『ラブライブ!』は、これにてハッピーエンドを迎えることが出来たのです。

こう考えれば、「まだ終わってほしくない」と思っているファンの方々も、少しずつその終わりを受け入れられるのではないでしょうか。劇場版『ラブライブ!』、そしてアニメ『ラブライブ!』は、考え得る限りの最高の結末であったと、著者は自信を持って結論付けます。


さて、ここまでストーリーについて見てきましたが、やはりアニメのストーリーと切っても切れないのが、『ラブライブ！』の楽曲ですね。そして、その楽曲を声優陣が完全にコピーして踊るライブと、楽曲が多数収録されたゲーム「スクールアイドルフェスティバル」。次の項目では、楽曲を中心として、これらについて見ていきましょう。

楽曲・ライブ

『ラブライブ！』の楽曲は全百曲以上、既存曲のソロバージョンも合わせたら2百曲以上にもなります。そこで、まずは1stシングルから6thシングルについて触れていこうと思います。

まず、1stシングル「僕らのLIVE　君とのLIFE」では、学校の敷地内でライブを行っています。アニメ第1期でも、「μ's」のメンバーが全員そろった状態での初めてのライブがこの曲となります。

オーソドックスな曲でありながら、歌詞の内容や背景の桜もあいまって、物語の始まりを想起させます。センターは穂乃果となっています。

次に、2ndシングル「Snow halation」では、街中でライブを行っています。具体的には、東京駅から和田倉噴水公園に向かう途中にある行幸通りが舞台であるとされています。

冬をイメージしたバラード曲ですが、メロディーラインにはある種の開放感があり、切なさと開放感の両立した名曲です。穂乃果が引き続きセンターです。NHKの番組「Rの法則」に「μ's」がゲスト出演した回で、好きな楽曲アンケートを十代の女性におこなった結果、第1位に輝いたのがこの曲でした。

3rdシングル「夏色えがおで1，2，Jump！」は、ビーチ上のステージを舞台にしています。つまり、劇中では撮影用にビーチとステージを貸し切っているということです。

2ndに引き続き実在する舞台があり、こちらはお台場の風景をアレンジしているとされています。例えば、PVの背景に登場する観覧車は、お台場パレットタウンの大観覧車であると言われています。

夏をイメージした明るい曲なのですが、その中にどこか切なさを含んでおり、清涼感だけでなく一種の寂しさも感じられる構成の名曲です。にこがセンターとなっています。

4thシングル「もぎゅっと〝love〟で接近中！」では、撮影用に学校の屋上を大改造しています。学校の設備をアレンジすることができるということは、「μ's」の活動が大々的に認められ、学校側も協力態勢に入ったということを意味しています。

バレンタインをイメージしたピュアな恋愛ソングで、疑似恋愛要素をあえて全面的に押し出した作りとなっています。バレンタインは2月14日なので、時系列的にはおそらく1stから6thのなかで一番最後の曲となります。

つまり、穂乃果が始めたスクールアイドル活動の集大成の曲であるように思われます。その事実に合わせるように、穂乃果がセンターとなっています。

5thシングル「Wonderful Rush」では、なんと空港と滑走路を撮影に使っている上、「LOVE♥LIVE」と書かれたオリジナルの飛行機が登場します。とてつもない予算がかかるため、「μ's」がスクールアイドルとして大成功を収めていることが伺えますね。

「さあ、新たな場所へ飛び立とう！」というメッセージ性が感じ取れる、爽快な楽曲となっています。メンバーの私服から察するに、季節は夏だと思われます。ドラマパートも充実し、キャラのデザインもアニメに近づいてきており、アニメ化までもうすぐといった制作側の当時の勢いを感じる楽曲です。ことりがセンターとなっています。

6thシングル「Music S.T.A.R.T!!」では、なんと巨大なテーマパークを貸し切って撮影に使用しています。6thシングルの舞台は、浦安にある某テーマパークのシーのほうだとされています。

某テーマパークの貸切には二種類あり、閉園後の貸切時間のみを使用する「プライベート・イブニング・パーティー」と、開園中から入園した後に閉園以降を貸切時間として使用する「マジカル・ファンタジー・パーティー」があります。撮影は夜おこなわれているため、いずれにせよ閉園後を貸切にすることは可能です。前者は4千人以上に貸す計算、後者は7千人以上に貸す計算で費用が動きます。

肝心の費用ですが、「プライベート・イブニング・パーティー」では一人あたり5400円の入園料で4千人以上に貸す計算となるため、総額は2160万円となります。これを「μ's」9人で割ると、一人あたりの負担額は240万円です。学院や各保護者が名義上のスポンサーとなって、やっと払える額でしょうか。空港に折衝して撮影に使うよりも、高額の費用が掛かるかもしれません。

さて。この6つのシングルを追っていくと、どんどん撮影が大規模に、そして費用が莫大になっていくのが分かりますね。5thシングルの空港や6thシングルの某テーマパークと、1stシングルの学校の敷地とを比べればその差は歴然です。

これは恐らく、「活動とともに『μ's』が大きくなっていくさま」を見せることで、より『ラブライブ！』の世界が現実に存在するかのように、そして「μ's」というアイドルが実際に存在するかのように見せる狙いがあると思われます。

前の項でも触れた「ファンと共に作品を作り上げる」という特徴が、ここでも活かされているのです。

しかし、劇場版『ラブライブ！』の挿入歌である「Angelic Angel」では、ニューヨークのステージでライブを行いながら、背景に1stシングルの学校の風景が重なります。これは、「μ's」の活動がどれだけ大きくなっても、根本にある「スクールアイドル」という本質は変わらない、ということを伝える演出だと推測できます。

さて、各種シングル楽曲について触れましたが、ひとつ疑問なのは、なぜ2ndシングルの「Snow halation」が、ファンの好きな楽曲第1位を飾るほど人気なのでしょうか。

その理由が予想できる方も居ると思いますが、理由をより明確にするために、『ラブライブ！』の実際のライブについて触れていきたいと思います。

前の項でも挙げたとおり、『ラブライブ！』はキャラクターを演じる声優陣が、アニメの衣装や振りつけを再現したライブを行っています。

最初のライブである「ラブライブ！ μ's First LoveLive!」は、

２０１２年の２月に横浜ＢＬＩＴＺにて行われました。テレビアニメ化が発表されたのが、このライブです。

収容人数は最大で１７００人ということを考えると、今の『ラブライブ！』のコンテンツ人気からは考えられないような動員数ですね。なお、横浜ＢＬＩＴＺはライブから１年後の２０１３年に閉鎖となりました。

次に行われたライブである「ラブライブ！ μ'sＮｅｗ Ｙｅａｒ ＬｏｖｅＬｉｖｅ！２０１３」は、２０１３年の１月にＴＯＫＹＯ ＤＯＭＥ ＣＩＴＹ ＨＡＬＬで行われました。アニメ化の３日前に行われたライブとなります。

収容人数は最大で約３千人です。前日にライブが行われた「ミルキィホームズ」との抱き合わせという形でのライブだったことと、声優の南條愛乃さんが欠席していたこと。この２点から、こちらを２ｎｄライブとは敢えて呼ばない動きもあります。

そのため、公式でも次の「ラブライブ！ μ's ３ｒｄ Ａｎｎｉｖｅｒｓａｒｙ ＬｏｖｅＬｉｖｅ！」を２番目のライブとして、映像作品もこちらのライブを２作目という扱いにしています。とはいえ、アニメ化直前におこなわれた記念すべきライブであるという点は変わりありませんね。

「ラブライブ！ μ's ３ｒｄ Ａｎｎｉｖｅｒｓａｒｙ ＬｏｖｅＬｉｖｅ！」は、

2013年の6月に行われました。テレビアニメの第2期放送決定が発表されたのが、このライブでした。

場所はパシフィコ横浜にある国立大ホールで、収容人数は5千人です。女性声優で過去に5千人以上のキャパシティの会場でライブを行った人は、水樹奈々さん、田村ゆかりさん、堀江由衣さん、坂本真綾さんなどが挙げられます。ソロとユニットではまた条件も変わりますが、この時点でいわゆる大人気声優と比肩する規模まで、コンテンツが成長したことが分かります。

2014年の2月には、「ラブライブ！ μ's→NEXT LoveLive！2014 〜ENDLESS PARADE〜」が行われました。会場はさいたまスーパーアリーナで、2日間にわたり開催され、収容人数も2万2千人と大幅に上昇しました。

タイトルにもある「ENDLESS PARADE」は6thシングルのテーマである「終わらないパーティ」を、楽曲のひとつである「ENDLESS PARADE」に掛けていると推測できます。

楽曲の「ENDLESS PARADE」は、アニメ『ラブライブ！』第1期のブルーレイ第7巻の特典である「チケット最速先行販売申込券」によって購入できる、「音ノ木坂学院体験入学セット付きプレミアムチケット」に付属しているCDに収録されています。

右記のとおりCDは入手経路が限定的な上に一般販売もされておらず、歌詞カードも存在しない特殊な楽曲です。そのため、現在もっとも入手が難しい楽曲のひとつとされています。楽曲の名を冠しながらライブでこの曲が披露されなかったのは、恐らくその入手の困難さや特殊さが影響しているのではないでしょうか。

２０１５年の１月31日と２月１日には、「ラブライブ！ μ's Go→Go！ LoveLive！ ２０１５ ～Dream Sensation！～」が開催されました。引き続きさいたまスーパーアリーナでの２日間にわたるライブですが、アリーナモードからスタジアムモードに変更となり、収容人数も２万２千人から３万７千人と大幅に増加しました。

こちらもライブタイトルに関係のある「Dreamin Go！ Go!!」という楽曲がありますが、こちらは「ENDLESS PARADE」よりも入手が容易だったためか、ライブでも歌われました。

ライブの歴史を見ても、やはり収容人数をはじめ、規模がどんどん大きくなっているのが分かります。特にパシフィコ横浜からさいたまスーパーアリーナに会場が変わる段階で、収容人数は一桁飛躍します。前後にテレビアニメ第１期があるため、アニメ化で人気に火が点いたことが伺えますね。

この『ラブライブ！』のライブですが、その歴史を見るととても面白いことが分かります。２ｎｄシングルの「Ｓｎｏｗ　ｈａｌａｔｉｏｎ」のアニメーション映像では、最後のサビの出だしで街灯の色が白からオレンジへと変わります。

　この白からオレンジへの色の変化を、ライブ中にサイリウムで再現したファンが居ました。この取り組みは1ｓｔライブの頃から一部のファンの間で行われており、ライブを重ねていくごとに浸透し、２０１５年のライブではさいたまスーパーアリーナ中が白一色からオレンジ一色へと変わる鮮やかな光景が見られました。

　こうした作品とファンとの間で繋がるような一体感こそが、「Ｓｎｏｗ　ｈａｌａｔｉｏｎ」が人気曲である理由のひとつだと言えます。また、作品と現実とをシンクロさせるような仕掛けは、この「Ｓｎｏｗ　ｈａｌａｔｉｏｎ」以外にもみられます。そちらについては、第3章の「マーケティングから学ぶ『五年間の壮大な仕掛け』」で詳しく触れていきます。

　ちなみに、ライブの「Ｓｎｏｗ　ｈａｌａｔｉｏｎ」にてサイリウムの色を白からオレンジに変えるタイミングは、ラストのサビの「は」の部分です。サイリウムは、オレンジの中でもＵＯ（ウルトラオレンジ）という高輝度の単色使い捨て型のライトが主流です。

　そのため、直前の「に」でＵＯのサイリウムを折り、「は」で掲げている白のサイリウムを下ろしながら、同時にUOのサイリウムを掲げるのがベストのタイミングでしょう。

ぜひ、次のライブに行く機会があれば実践してみてください。

スクールアイドルフェスティバル

シングルからアニメ内、そしてライブでも触れる機会のある『ラブライブ！』の楽曲。これらの楽曲に触れられる媒体が、もうひとつあります。それが「ラブライブ！ スクールアイドルフェスティバル」、通称「スクフェス」というソーシャルゲームです。

基本無料の課金型のソーシャルゲームで、2015年6月にはなんと国内ユーザー数が1千万人を突破、全世界のユーザー数は1500万人を突破しました。次のグラフは、「スクフェス」の国内ユーザー数の移り変わりを示しています。特に2015年になってからは、増加の勢いがさらに加速したのが分かりますね。

アニメの第2期の放送も終わり、映画化というイベントはあるものの、コンテンツとしては成熟期にあたる期間に思われる2015年。それでもなお、コンテンツの成長期より

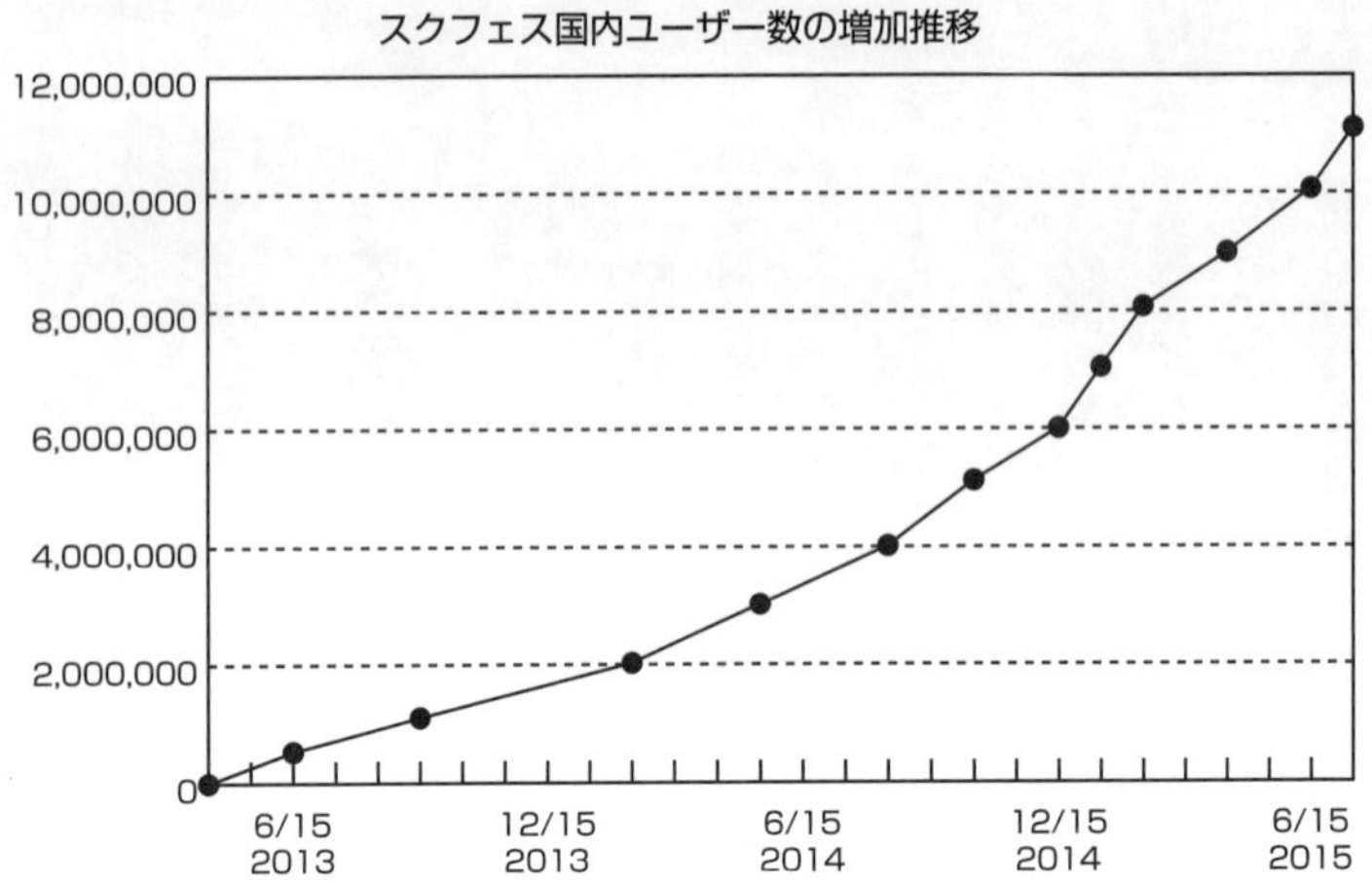

も加速してユーザー数が増えているのは、一体どうしてでしょうか。従来のゲームコンテンツと比較しながら、その理由に迫ってみたいと思います。
ドラゴンクエストシリーズのシナリオ担当である堀井雄二さんは、仕事の息抜きに買ったゲームに登場するキャラクターの台詞に対し、「ゲームの世界をこわすギャグはゆるせん！」といった旨の発言をしています（『ドラゴンクエストへの道』石ノ森章太郎　監修）。
ファミコンやスーパーファミコン、NINTENDO64やプレイステーションといった据え置き型のゲーム機において、ゲームというのはある種、現実とは隔離された空間という側面をもっていました。
ゲームボーイやニンテンドーDSといった

携帯型ゲーム機では、対戦要素や協力プレイ要素は増えたものの、やはりゲームの世界はあくまで現実世界とは別物の隔離された世界でした。

時は流れ、2015年の8月。穂乃果のイラストの下に『ラブライブ!』と書かれているスマートフォンのアプリを起動すると、「暑いからってだらしないのはダメですよ?」と園田海未が発言します。

ここで言う「暑い」とは、ゲーム内時間での季節柄というだけでなく、現実世界での気候も指します。つまり「スクフェス」では、現実世界と時間が連動しているのです。

このことは、今までのゲームの常識を大きく覆しています。従来のゲームでは、ゲームの世界が現実世界と別物であったのに対し、「スクフェス」では現実世界とゲームの世界で共通の時間が流れているのです。

つまり、この「現実世界との連動」こそ、「スクフェス」の大きな魅力のひとつなのです。

従来のアニメやゲーム作品のキャラクターが、ある意味遠いところにいる存在だったのに対し、「スクフェス」ではキャラクターが現実と同じ季節や時間を共有し、発言をします。その結果、キャラクターとの心的距離がグッと近くなったように感じるのですね。これが、「スクフェス」がヒットした理由のひとつだと考えられます。

さて、そんな新しいゲームの側面をもった「スクフェス」ですが、これはいわゆる音楽ゲームにあたります。『ラブライブ！』に登場する楽曲のリズムに合わせ、タイミングよく画面をタッチしてスコアを稼いでいくゲームとなります。

スコアはリズムの正確さとプレイヤーが持っているメンバーの能力によって決まります。ゲームは基本無料ですが、スコアを伸ばすには課金をして、スコアに影響する強いメンバーを勧誘してユニットに入れる必要があります。

また、プレイヤーはゲーム内で友達となった他プレイヤーの動向を知ることができ、どのストーリーをクリアしたか、どんなレア度の高いカードを手に入れたかを知ることができます。

つまり、プレイヤー同士で時間を共有することができるのです。

さらに、2013年の秋からは対戦の要素が追加され、プレイヤー同士スコアを競い合う「スコアマッチ」というイベントが開催されるようになりました。2014年の冬からは、楽曲を3曲まで一気にプレイできる「メドレーフェスティバル」というイベントも実装されました。

そして、2015年の夏の大型アップデートでは、レア以上のカードを練習（他カードのレベル上昇）または転部（ゲーム内通貨に換える売却）させることで手に入る「シール」を使って、特定のカードやガチャ用のチケットに交換できるシステムが追加されました。また、特定の条件を満たすとアイテムやゲーム内通貨がもらえる「課題」というシステムも実装されています。

これらのアップデートですが、ユーザーからの「イベントが一種類だと飽きる」や「レアカードの使い道がない」といった声に応えるような形で実装されてきています。

そのため、これらのアップデートからは、開発側がプレイヤーの声を積極的に取り入れたり、他のゲームにあって「スクフェス」にない要素を研究したりしながら、実際に「スクフェス」にその要素を反映していることが分かります。

以上のように、ゲームの世界と現実世界の時間の共有、プレイヤー同士の時間の共有、そしてプレイヤーの要望の反映という3点は、従来のゲームソフトでは考えられなかったスタイルです。

ドラゴンクエストが発売された1986年頃とは、ゲームというものの有り方が大きく変わっていますね。もちろん、どちらが正しいというわけではなく、どちらもその時代に合ったゲームの様式であると言えます。

さて。今までに述べたことを踏まえたうえで、スクフェスの魅力は何かと言いますと、「作品のクオリティ×共有率」が高いことだと考えられます。

クオリティは面白さやキャラクターの可愛さなど、ゲーム自体の質のことです。実際のところ、無料で遊べる音楽ゲームとしては、その質やゲーム全体のボリュームは他に類を見ないと思われます。

では、共有率とは何なのでしょうか。

ここで言う共有率とは、そのコンテンツ（製品）に接している時間のうち、どれだけの時間を人と共有できるかという割合のことです。数値に表わすのは難しいのですが、人と共有できる時間を、コンテンツに割く全体の時間で割った数値を、便宜的に共有率とします。

この共有率が高いほど、つまり作品を人と共有できる時間の割合が高いほど、作品の魅力が大きいということになります。

というのも人はいま、多くの時間を人と共有したがっています。ツイッターやフェイスブックやＬＩＮＥなどのＳＮＳ（ソーシャルネットワークサービス）を駆使して、人との時間を共有したがっているのです。参考までに、ツイッターのユーザー数は全世界で約2億4千万人。ＬＩＮＥのユーザー数は全世界で約4億人となっています（2014年度）。

ネットワークが張りめぐらされた現代社会において、人はネット上でも他人と話題を共有することを強く望んでいるのです。むしろ、インターネットのホームページにすらアクセスすることなく交流が出来てしまうため、ネットと現実の垣根が曖昧になってきたという風潮もあります。

そのため、ＳＮＳとは反対に、いくら時間を割いても人と共有できる時間がないもの、つまり共有率が低いものには人はあまり触れなくなってきました。ドラゴンクエストやファイナルファンタジーといった歴代の名作が軒並みネットゲーム化していったのも、共有率の低い従来のゲームではユーザー数の拡大に限界が見えたためだと推測できます。既存の形で売れ続けるのであれば、その形を崩す必要はありませんね。

要するに、「スクフェス」は共有率の高い、現代のスタイルに合ったゲームと言えます。そしてもちろん、『ラブライブ！』というコンテンツ自体も、「クオリティ×共有率」が非常に高い作品となっています。

例えば友人や知人に『ラブライブ！』のアニメを勧めたくても、その場でアニメを見せることはなかなか難しいですよね。しかし、その場で「スクフェス」を起動して友人・知人の前で作品を紹介することはできます。

このようなやり取りの末、友人・知人もあなたと同様に『ラブライブ！』に触れ、徐々に作品を知り、あなたと友人・知人は趣味を共有できる時間が増えていくのです。さらに、その友達も別の友達と趣味を共有したいため、『ラブライブ！』をさらに勧めていくのです。

つまり、「クオリティ×共有率」が高い作品は、その作品のファンが口コミでどんどん増えていく仕組みになっているのです。その代表例である「スクフェス」は、作品のファン（ラブライバー）がどんどん増えていく構造になっているのですね。

ちなみに、少しマーケティングの分野に立ち入った話をしますと、こうした口コミで広がっていくモデルのことを「バイラルマーケティング」と呼びます。まるで細胞がウィルスに感染するように商品の評判が広がっていくことから、「ｖｉｒａｌ（ウィルス性の）」マーケティングという名が付いています。

バイラルマーケティングをユーザー拡大のモデルとした場合、多くのコンテンツはその「紹介」に重点をおきます。例えば他のソーシャルゲームであれば招待キャンペーンを実施したり、招待特典を付与したりします。また、先ほど挙げたようなＳＮＳを使って、「期間内にハッシュタグ付きでツイートをすれば特典がもらえる！」といったキャンペーンを行う例もあります。

しかし、「スクフェス」はこうした紹介キャンペーンを一切実施していません（２０１５年8月現在）。実は、この点が他のソーシャルゲームと「スクフェス」が一線を画すポイントとなっています。

では、なぜ「スクフェス」はこうした紹介システムを取っていないのでしょうか。ひとつは恐らく、作品の魅力である「作品のクオリティ×共有率」が高いため、紹介システムを主軸とするバイラルマーケティングを必要としなかったためだと思われます。

もうひとつは、紹介システムの弊害的な側面である「特典目的の勧誘」による印象の悪化を避けたことが推測できます。

娯楽分野からは離れますが、バイラルマーケティングを突きつめると、紹介というシステムを使って紹介者に実際の金銭が入る「マルチレベルマーケティング（通称ＭＬＭ）」というマーケティング形態に変化します。自分が紹介した人数に応じて、紹介元にお金が入るシステム。言ってしまえば、マルチ商法とほぼ同義です。

こうしたマルチレベルマーケティングを物やサービスに取り入れると、確かにユーザー数や参加者の数は格段に増えていきます。しかし、紹介元と紹介先に金銭的な関係が生じる「マルチ」という印象は、第三者から見ればあまり良くないものになります。

久々に会った友人からよく分からない日用品の購入を勧められた、というのはあまり気分の良いものではありませんよね。

そのため、特にユーザーからの印象が第一である娯楽分野であれば、マルチレベルマーケティングは使うべきではありませんし、その一歩手前であるバイラルマーケティングも、避けられるのであれば避けたほうが賢明とも言えます。

「アイツのツイート、宣伝ばっかりしてちょっとウザイよなー」

というネガティブ感情が生じるのは、作品の運営側からすればなるべく避けたほうが良いですよね。そうした理由から、スクフェスの運営は敢えて紹介システムを取らなかったのだと考えられます。

補足ですが、著者はマルチレベルマーケティング（ＭＬＭ）全体を否定するつもりはありません。むしろ、ユーザー数拡大という点に焦点を絞れば、このＭＬＭという様式は非常に理に適っていると言えます。

ただし、扱っている製品の質が悪かったり、所属する団体や登録するサービスが空虚なものであれば、巻き込まれた人が被害者になってしまいます。そういった点では、やはり全てのＭＬＭに賛成はできないのが現状です。

また、ユーザーの拡大に実際の金銭が絡む例は、実は既存のゲームコンテンツにも存在します。

任天堂やバンダイナムコエンターテインメントはニコニコ動画の「クリエイター奨励プログラム」に、一部著作物を登録しています。この「クリエイター奨励プログラム」は、投稿された動画の再生数に応じて動画投稿者に紹介料（実際の金銭に換金できるポイント）が与えられるという仕組みです。

紹介料目的でゲームをプレイしたり、動画を投稿したりする人も中には存在するとは思いますが、ユーザー数の拡大やブームの創出という点から見れば非常に理に適ったシステムではあるのです。

いずれにせよ、紹介というシステムを運営側が用意せずとも、「スクフェス」は口コミで広がっていったのです。それはやはり、『ラブライブ！』のキャラクターや楽曲の魅力が非常に高いからでしょう。

キャラクター、ストーリー、楽曲、ライブ、そして「スクフェス」と、第1章では様々な観点から『ラブライブ！』の魅力をお伝えしてきました。こうした点を通して、『ラブライブ！』のもつ魅力の高さを、改めて実感して頂けたら幸いです。

Column

園田海未の魅力

章末のコラムでは著者の好みや感想、小話などを簡単にご紹介します。休憩がてら、軽く読み進めて頂けるとありがたいです。

さて、本書の冒頭や「スクフェス」の項でも触れましたが、著者の推しは園田海未です。彼女の何が魅力かと言いますと、普段の生活ではしっかりとしているのに、ふとした瞬間に隙やツッコミ所を見せるところなんですね。

アニメ第1期第1話から、しっかりした素振りを見せながらアイドル活動は断固拒否したり、露出の多い衣装を着ることを頑なに避けたりと、視聴者に明らかに伝わるギャップがあります。

このギャップが個人的にグッと来てしまいまして、現在に至るまで徹頭徹尾園田海未推しというのが著者のスタイルです。後輩からの信頼の厚い、日舞の家元の一人娘が、ポーカーで負けて変顔を決めるだなんて、そのギャップはもはや振り切れていますよね。

劇場版『ラブライブ!』のパンフレットでは、脚本の花田十輝氏が特に書きやすいメンバーに園田海未の名前を挙げていました。ツッコミ役で常識人で小心者なところに好感が

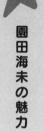

持てると答えており、作中でのびのびと動かしていることが分かります。

実際、映画を見ていると園田海未がニューヨークの街中に出ることを拒否したり、相変わらずポーカーで勝てなかったりというシーンでは笑いが起こっていました。確かに、園田海未を使って滑ることのほうが難しいかもしれません。それほどまでに、いわゆる「オイシイ」キャラクターなんですね。

また、彼女が作詞担当であることから、単純に物書きとして好感が持てるという点もあります。自分で言うのも何ですが、物を書くという仕事はある種屈折した強いリビドーがないと続かない部分があります。言ってしまえば、変態なんです。

そうした屈折した強いリビドーを、園田海未も持っているのかと思うと……ええ。彼女のことを、これからも推さざるを得ませんね。

園田海未のことは第5章の「『ラブライブ!』が教えてくれた大切なこと」の『ススメ→トゥモロウ』&『START：DASH!!』という項目でも詳しく触れています。

彼女が何を思って、第1期の肝となる「START：DASH!!」を作詞したのか。この項を読んだら、あなたは次のライブで青色のペンライトを振ることになるかもしれません。どうぞ、お楽しみに。

第2章

『ラブライブ！』の真の魅力に迫る！

怒涛の1分12秒

この章では、『ラブライブ!』の魅力について、さらに細かい点を深掘りしていきます。

まずは、とある伝説的な「1分12秒間」についてご紹介したいと思います。

その1分12秒間とは、アニメ『ラブライブ!』の第1期第1話の出だしから、オープニングが始まるまでの時間です。この出だしからオープニングまでの流れは、改めて考えてみると目を見張るものがあります。

アニメ第1話では、冒頭からいきなり穂乃果が歌い出したのを覚えているでしょうか。歌っている曲は、「ススメ→トゥモロウ」です。

「これが私、高坂穂乃果、高校2年。いま、私の通う音ノ木坂学院が、大ピンチなの」

というように、流れるように状況説明をしていきます。この説明を通して、視聴者は「とりあえず、この元気な女子高生の通う学校が大変らしい」という状況理解をします。

「私の輝かしい高校生活が……!」と、続けてテンポよくストーリーが展開していきます。

大仰な音楽もあいまって、ややミュージカルを思わせる作りになっています。

どんなアニメでも、初めてそのアニメを見る人は、もちろん最初からストーリーにはのめり込まずに漠然と見ています。出だしでモタモタしていると、もしかしたら視聴を切ってしまう恐れもあります。

そうした事態を避けるため、『ラブライブ！』の第1話では、出だしで視聴者を話にグッと引きこむ作りになっているのです。特に、「いきなり歌い出す」というスタートは非常に巧妙で、

「この子はなぜ歌っているんだろう？」

「この子は歌手か何かなのだろうか？」

「何の歌なんだろう？」

といった、疑問を生じさせます。この出だしに生じた疑問が、視聴者をグッと作品に惹きつけるのです。

実は小説やドラマの出だしにおいても、同様のテクニックが使われることがあります。例えば推理物の出だしでは、よく被害者が犯人に襲われて死亡するところから始まります。王道のミステリーでは犯人が明らかにされず、

「この人を襲った犯人は誰なのだろう？」

という疑問からスタートします。犯人が気になるため、作品にのめり込んで行くのですね。また、犯人を敢えて明らかにしたうえで、その犯人の動機やアリバイ工作の方法を疑問に思わせるタイプのミステリーもあります。これを倒叙《とうじょ》ミステリーと呼びます。「刑事コロンボ」や「古畑任三郎」などがこのタイプのミステリーですね。いずれにせよ、冒頭で被害者が犯人に襲われ、視聴者をストーリーに集中させる作りをしています。

まとめると、多くの作品は視聴者の心をつかむために、冒頭で視聴者を惹きつける仕掛けをほどこしているのです。また、小説の書き方についての様々なノウハウ本にて、以下のテクニックを序盤に盛り込むべしと解説されています。

「出だしで読者を引きこむこと」

「主人公の名前を早めに読者に覚えさせること」

「設定を簡単に紹介すること」

以上の3点が、解説に多く共通して見られます。

出だしで主人公が歌い、名前を名乗り、自己紹介や状況説明をさらっと行う。『ラブライブ！』の第1話には、出だしからオープニングまで、つまり最初の1分12秒の間に、この3つの要素がすべて盛りこまれていたのです。まさに怒涛の1分12秒間だったことが伝わったでしょうか。

さらに、この1分12秒のあいだに園田海未や南ことりも「穂乃果！」「穂乃果ちゃん！」と名前を呼んでおり、主人公の名前を視聴者に覚えさせるのに一役買っています。

もちろん物語の終わらせ方は非常に重要ですが、それと同等かそれ以上に、物語の始まり方はとても重要です。『ラブライブ！』のアニメは、その始まり方が非常に練られた作品だったのですね。

また、作品に視聴者を惹きつけるテクニックとして、主人公を魅力ある人物にするのもとても重要です。そこで、次の項から二つの項目では『ラブライブ！』の主人公、高坂穂乃果について深掘りしていきます。

ちなみに、やはり本の始まり方も同様に重要なので、本書ではまず「私には、尊敬している人物が二人居ます」と始めてみました。本書を手に取って読みはじめた際に、

「え、いきなり何の話⁉」

と、疑問に思ってくださっていたら幸いです。この本の出だしに疑問を抱いたとき。ミステリードラマで死体を見たとき。『ラブライブ！』で穂乃果の歌を聴いたとき。あなたは既に、その作品の読者・視聴者になっているのです。

ちなみに、このようにパッと見た段階で注意をひきつける手法は、広告業界でも広く使われています。

ソーシャルゲームの広告で「どっちの子を選ぶ？」といった質問が提示されている広告を見た記憶はあるでしょうか。あの質問は、「どちらの子が良いかなあ」という疑問を含む思考を巡らさせることで、その作品への注意や好奇心をくすぐり、広告をクリックさせるという手法なのです。

また、２つ選択肢を与えて「どちらも選択しない」という選択を排除させるテクニックを「ダブルバインド」と呼びます。「どっちの子を選ぶ？」といった質問では、どちらの子も選ばない、つまり広告を無視するという選択肢が大きく排除されます。もちろん、どっちの子もそれぞれに魅力的でなければ無視される恐れもあるわけですが、とにかく広告には、こうした心理テクニックが使われているのですね。

さて、それでは『ラブライブ！』の主人公、高坂穂乃果について触れていきましょう。

高坂穂乃果という人間

「今すぐグループのリーダーになって、何かやりたいことを好きにやってください！」

このように言われたら、あなたはきっと困ってしまうのではないでしょうか。

多くの人間は思春期を通して自我を確立するにあたって、行動の前に思考というワンクッションを置きます。そのワンクッションの間に、ひとつの行動を撤回したり、先送りにしたりすることがあります。特に、人を巻き込んで大きな物事を行う場合は、そうした思考による心の抑制が働きがちです。

しかし、その心の抑制を物ともせず、大業をやってのけた人物が居ますね。その人物こそ、高坂穂乃果です。

穂乃果といえば、やはり「元気いっぱいで、学校のことが大好きで、みんなのリーダー」といった印象が強いと思います。また、2012年12月26日、アニメ化直前のニコニコ生放送では、穂乃果の声優である新田恵海さんが穂乃果のことを「穂乃果はアホです」と評しています。

実際、穂乃果の性格はどちらかと言えば、アニメ1作品に1人は居る元気系かな、という程度のオリジナリティかもしれません。

彼女の外見も、明るい茶髪を黄色のリボンでサイドアップにし、瞳は明るい水色といったもので、アニメキャラとしてそこまで抜きん出た特徴はありません。

また、穂乃果は身長が157センチ、スリーサイズが78／58／82と非常に平均的なスタイルです。参考までに、高校2年生の女子の平均身長は157・8センチだそうです。

つまり、穂乃果は性格もそれほどオリジナリティがなく、外見も平均的ということになります。果たしてそんな彼女のどこに魅力があるのでしょうか。

まず1つに、「平均的な外見は美しい」という点があります。とある実験では、数百人単位の人間の顔写真を国別に重ね合わせ、その平均値を取ると、どの国でも美しい顔写真が出来上がるという結果が出ました。平均的というのは没個性ではなく、むしろ美しいという性質があるのです。

また、穂乃果は主人公だからこそ、あまり奇をてらった外見や性格ではなく、平均的であったほうが感情移入しやすいといった性質もあります。とはいえ、何か突出したものがなければ、穂乃果は愛される主人公にはならなかったはずです。

その突出した部分、つまり2つ目の魅力は、彼女の前向きさです。

ここで、最初の言葉に戻りたいと思います。

「今すぐグループのリーダーになって、何かやりたいことを好きにやってください！」と言われたら、おそらく貴方は「NO」と言うはず。そこには、例えば「陰口を言われるかもしれない」、「メンバーを失望させるかもしれない」といった不安から、心の抑制が働くという心理的側面があります。

しかし、穂乃果はそういった不安感を抱かなかったのです。実際、「μ's」というスクールアイドルに対し、陰口を言う生徒はあの音ノ木坂学院の中には居ませんでした。

それは恐らく、穂乃果が守りたいと思った音ノ木には、そうした前向きな活動の足を引っ張るタイプの子は居なかったためでしょう。逆に言うと、その確信があったため、穂乃果はとことん前向きに突き進めたのかもしれません。

そして、3つ目の魅力は、空回りしながらもひたすら頑張っているところです。

アニメ第1期の第2話で、真姫に作曲を頼みに行ったとき。穂乃果は真姫に腕立て伏せをさせました。これから物事を頼む人に対して、一見これはあまり良い方法ではありませんよね。

でも、真姫は作曲することを受け入れます。それは、穂乃果の不器用だけど真っ直ぐな熱意に心を打たれたからです。

真姫はずっと、昼休みや放課後は屋内で一人でピアノを弾いていました。しかし、アニメ第2話のラストでは、真姫は屋外に立って前を向いています。これは、穂乃果によって真姫は心を開くことが出来たという変化を表現する演出です。

そうして穂乃果によって変わることができたのは、真姫だけではありません。第4話で花陽は、声も小さくて引っ込み思案な自分を変えるために、凛と真姫の後押しもあって、

「μ's」に加入しました。

第13話では、海未が穂乃果に「私やことりでは勇気がなくて行けないようなところに、穂乃果は連れて行ってくれる」といった旨の発言をしています。「μ'sの皆もそう思っています」とも言っています。

つまり、空回りしながらもひたすら頑張っている人間というのは、周囲を惹きつけ、その周囲を変えることができるのです。ここで言う周囲とは、『ラブライブ！』の登場人物だけでなく、私達視聴者のことも指しています。

周囲を惹きつける魅力的な人間というのは、何も奇をてらった性格をしていたり、奇抜な外見をしていることが必要条件ではありません。どこにでも居そうだけど、どこかが突き抜けている。その突き抜けている部分に、魅力があるのです。

私達がこの『ラブライブ！』に求めていた主人公は、そうした人物だったのですね。

しかし、突き抜けすぎていても、それはそれで違和感が生じます。何回かお書きしていますが、『ラブライブ！』はファンと共に作り上げていく作品であるため、キャラクターはファンと心の距離が近い、共感できる人物であるというのが条件だったりします。

そのため、壁にぶち当たったときは、周りを見失ったり、心が折れてしまうこともあるはずです。それが、実際に居そうな共感できる高校2年生なのです。

この点を踏まえれば、賛否両論のシリアス展開だった第1期のストーリー終盤について、納得できる方も増えるのではないでしょうか。

一人で突っ走ってしまうことも、壁に突き当たったら心が折れてしまうことも、普通の女子高生なら充分あり得ることだと感じます。

劇場版でも、これから先の「μ's」について、これでもかと言うほど一生懸命悩んで、悩み抜きます。しかし、そうして壁にぶつかったり悩んだりするからこそ、等身大の高校生である穂乃果という人物は魅力的なのです。

私達が共感できるところに居る主人公だからこそ、私達は彼女を応援したくなるのでしょう。それはもちろん、穂乃果だけでなく「μ's」のメンバー全員がそうなのです。共感できるところに居る、手が届くと思えるところに居るからこそ、私達は彼女達に会いたいと思い、ライブやファンミーティングといったイベントに行くのです。

それが「μ's」の、そして「μ's」のリーダーである穂乃果の真の魅力だったのです。

ちなみに、穂乃果が「μ's」の「リーダー」であるという表現は、実は公式では最近まで意図的に避けられてきました。リーダーという言葉ではなく「発起人」という言葉が使われていたためです。

というのも、あくまで「μ's」内では地位や役割に差がなく、全員がメインであるということを示したかったからだと思います。

とはいえ、劇場版公開以降では、穂乃果=リーダーという表現が使われることが多くなりました。これは、穂乃果が名実ともにリーダーとして認められるようになったためだと思われます。

等身大の高校生の大きな成長が、このコンテンツ全体を通して感じられますね。

『ラブライブ!』の世界のオキテ

前の項で穂乃果の魅力についてお書きしましたが、穂乃果についてひとつ疑問に思うことがあるのではないでしょうか。それは、「なぜ穂乃果は雨を止ませることができたのか?」という点です。

アニメ第2期の第1話にて、穂乃果が「ラブライブ!」に出場することを決意した際、雨を止ませることに成功しました。比喩《メタファー》として見れば、この天候は穂乃果の心が晴れたことを表現する描写である、と言えなくもないかもしれません。

もちろん、登場人物の心の変化とともに、自然と雨が降ったり止んだりするような描写は他作品にもあります。例えば芥川龍之介の小説『羅生門』では、「雨は、羅生門を包んで……重たく薄暗い雲を支えている」という一節があります。これは、下人の途方に暮れた絶望的な心情を情景描写として表しているのです。

しかし、登場人物が意図的に天候を操るという描写は、例えば特殊な能力があるようなバトル物の作品では登場してもおかしくありません。しかし、そうした作品以外ではあくまで天候や風景というのは登場人物の心を可視化するメタファーであり、登場人物からの意図的な干渉を許すものではないからです。

では、なぜ穂乃果は雨を止ませることが出来たのでしょうか。ここでひとつ、少し斜めから見た視点で、『ラブライブ！』の世界にとある仮説を立ててみたいと思います。

その仮説とは、「『ラブライブ！』の世界では、穂乃果が本気で望んだことが反映される」というものです。突拍子もない説ではありますが、覆されることを前提としてこの仮説を立ててみました。

しかしこの仮説、皆さんは覆すことが出来るでしょうか。

アニメ『ラブライブ！』の世界において、穂乃果が本気で望んだことは全て叶ってきました。アニメ第1期では、穂乃果が本気で廃校を阻止したいと思ったからこそ、廃校は撤回されました。アニメ第2期では、「雨止めー！」と言えば雨は止んだし、「ラブライブ！」優勝という願いも叶いました。

逆にアニメ第1期の時点では、「ラブライブ！」という大会の優勝は本気では願っていなかったからこそ（というより、優勝よりも大事な課題が目の前にあったため、そちらを優先して願ったからこそ）、大会に出場することができなかったのです。

そう考えると、『ラブライブ！』の世界では穂乃果が本気で願うことが物事の達成の条件であるというのは、あながち間違っていないのではないでしょうか。

劇場版『ラブライブ！』では、穂乃果が女性シンガーから「跳べるよ」と言われ、「μ's」を終わらせることを決意したからこそ、劇場版のテーマである「終わらせる物語」を成就させることができたのです。逆に言えば、穂乃果が本気で「μ's」を続けることを願っていたら、劇場版の終わりは全く別の物になっていたと思います。

しかし、その場合は穂乃果が「μ's」が続くことを、本気で願い続けなければなりません。それが本当のハッピーエンドかどうかというのは、また少し変わってきますよね。

また、劇場版『ラブライブ！』では、空港のシーンで「これは廃校発表から続く夢なんじゃないか」といった旨の台詞があります。この台詞も、もしかしたら穂乃果が本気でそうだと信じて願ってしまえば、またアニメ第1期の第1話の時間軸からスタートする恐れをはらんだ言葉なのではないでしょうか。そう考えると、少しヒヤッとする台詞かもしれませんね。

見方を変えると、劇場版『ラブライブ！』は、物語の今後として考えられる可能性をひとつずつ否定して終わらせた作品であると言えます。

「μ's」が活動を続ける可能性、夢オチという可能性、時間軸が巻き戻る可能性、日常が続く可能性。これらの可能性をすべて否定して、「μ's」が私達観客（視聴者）の手の届かないところへ行くという終わらせ方をしました。だからこそ、劇場版『ラブライブ！』は究極の「終わらせる物語」なのです。

この終わらせ方が出来たのも、穂乃果が本気で願ったからなのでしょうね。

もちろん、穂乃果の話一辺倒にならないよう他のメンバーにスポットを当てたり、特にアニメ第2期第5話では、穂乃果がメンバーに過干渉せずにメンバー同士での解決を促したりしました。

こうした点は、「主人公がすべての中心にいる！」という系統の物語とは一線を画します。そのような物語は、半ばご都合主義的で、真に共感できないという人も居るのではないでしょうか。そうした物語とは異なるのが、『ラブライブ！』のストーリーなのですね。

さて、肝心の「なぜ穂乃果は雨を止ませることができたのか？」という問いの答えですが、『ラブライブ！』は、穂乃果が本気で望んだことが反映される世界だから」というのが、著者の出した結論なのです。

その証拠に、穂乃果は雨を止ませた直後に、

「人間その気になれば、何だって出来るよ」

と言っています。答えは既に、台詞の中に出ていたのですね。

とはいえ、穂乃果は一人で夢を叶えたいと思ったわけではありません。穂乃果がみんなで夢を叶えたいと思い、本気でその夢が叶うことを願ったからこそ、「みんなで叶える物語」が成立するのです。

逆に考えると、穂乃果は「みんなで叶える物語」を遂行する役割をもった人物とも言えますね。その役割を持つからこそ、穂乃果が本気で願えば、世界はそれを反映するということです。

これが、穂乃果というキャラクターに隠された秘密だったのです。

さて、二項にわたって穂乃果について触れてきましたが、次は穂乃果を含んだ「μ's」9人について触れていきます。まずは、なぜ「μ's」が9人なのかという点を見ていきましょう。

「9」という数字のヒミツ

穂乃果の魅力とパワー、そして役割についてお書きしてきましたが、ここから二項は、「μ's」メンバー9人に触れていきます。まずは、なぜメンバーが9人なのかという点についてです。

「スクフェス」では、キャラクターのカードに「スマイル」「ピュア」「クール」のいずれかの属性がついています。今では1つのキャラでもカードが違えば様々な属性がつきますが、以前はキャラクターごとに基本的な属性は決まっていました。

スマイルがにこ、穂乃果、凛。

ピュアが希、ことり、花陽。

クールが絵里、海未、真姫。

彼女達9人の性格は、次の表のように、この基本的な属性に合わせて3つのタイプに分類できます。

	推進力	思いやり	冷静さ
スマイル	◎	○	△
ピュア	△	◎	○
クール	○	△	◎

穂乃果は周りを巻きこんで突きすすむ推進力に長けているが、冷静さに欠けていたため、つい無理をしてしまいました。花陽は仲間や動物への思いやりがあるが、推進力に欠けていたため、なかなか一歩を踏みだせずに居ました。絵里は冷静な判断力に優れているが、当初は他者を思いやる気持ちに欠けていたため、穂乃果と敵対するような言動をしてしまいました。

このように、「μ's」のメンバーには推進力・思いやり・冷静さの面で一長一短があるのです。もちろん、話が進むごとに徐々に成長して、表の△の部分が○になったりもします。

メンバーごとに性格の特徴が分かれるというのは、実は「μ's」という名前自体も証明しています。「μ's」という名前の元となったのは、ギリシャ神話に登場する学芸を司る9人の女神達「ムーサ」です。後に「ミューズ」という呼称に変化しました。

当初はただ9人の女神には明確な区別や個性がなかったのですが、後になって各女神に、それぞれが司る学芸の分野や特徴が与えられました。例えばカリオペイアは叙事詩の分野を司り、美声を持っているといった特徴です。

つまり、「ミューズ」の女神達に個性豊かな特徴があるのと同様に、「μ's」の各メンバーにもそれぞれ個性的な特徴があるのです。

さて、アニメ第1期にて、希は「『μ's』は9人でなければいけない」と言っていますね。ここで、その「『μ's』は9人でなければいけない」という理由を、明らかにしたいと思います。

先ほど言ったとおり、「μ's」のメンバーにはスクフェスの属性と呼応した、3種類のタイプの性格があります。そして、舞台である高校には、3つの学年がありますね。

つまり、「μ's」は「3（タイプ）×3（学年）＝9人」でなければならないのです。3つの特徴的な性格を持つ3人が、各学年に1人ずつ居るためには、「μ's」が9人でなければ成り立たなかったのですね。

アニメの重要なシーンでは、メンバーが1人ずつ1からカウントを数えていく場面があります。

第3話のライブ直前では、3まで。1年生組が加入した直後の第5話では、6まで。第13話のライブ直前では、9まで。3→6→9と、カウントが増えているのが分かりますね。

まずは2年生だけで、次に1年生を含めて、最後には3つの学年で9までカウントをする。そうすることで、メンバーが徐々に集まり、「μ's」の団結を深めていくという描写をしているのです。

このような数字によるメッセージが、実はアニメの各所に散りばめられていました。1人だったら、もちろんカウントなんて必要ありません。カウントをするからこそ、個性豊かなメンバーがいるということを実感できるのです。

その実感こそが、穂乃果が夢を叶えるための力となっていたのですね。

さて、先ほど表で示した3つのタイプですが、さらにこのタイプを深掘りしていきましょう。そして、それぞれのタイプのメンバー達が、なぜ互いに協力し合うことが出来たのか。その謎を、「素質論」という観点から見ていきましょう。

素質論から学ぶ彼女達のカンケイ

「素質論」という字面を見ると、少しお勉強チックに感じる方も居るかもしれません。しかし、この「素質論」というのは人間の性質を示すとても面白い考え方で、実生活でも役立つ側面が多々あります。ぜひこの項目を通して、「μ's」メンバーの素質、そしてあなたの素質についても理解してみましょう。

素質論とは、人間の生年月日から素質を算出し、統計学的に12タイプに分類できるという考え方です。この12タイプは、さらに大きく3タイプに分けることができます。ベクトルH、ベクトルE、ベクトルAの3タイプです。

ベクトルHは、人との繋がりを何よりも大切にし、お互いの気持ちを確かめながら、信頼し合える人間関係を築くことを優先する素質です。分かりやすいように、著者は「協調型」と呼んでいます。

ベクトルEは、無駄なく効率的に夢や目標を達成することを何よりも大切にし、自分のペースで物事を進めることを優先する素質です。分かりやすいように、著者は「自己世界観型」と呼んでいます。

ベクトルAは、枠に縛られないような可能性を何よりも大切にし、周りから一目おかれるスケールとステータスを築くことを優先する素質です。分かりやすいように、著者は「行動先行型」と呼んでいます。

さて。ひとつ前の項にて、「μ's」のメンバーは大きく3つのタイプに分かれるとお書きしました。「スクフェス」における「ピュア」「クール」「スマイル」の3タイプですね。

実はこの「ピュア」「クール」「スマイル」が、それぞれ「協調型（ベクトルH）」、「自己世界観型（ベクトルE）」「行動先行型（ベクトルA）」に対応しているのです。

希は「μ's」という名前を考えたり真姫がメンバーに馴染むのを助けたりと、陰ながら協調性を重んじて「μ's」を支えてきました。

ことりは穂乃果と海未のケンカを宥めようとしたり、第2期第6話では衣装係として陰からもメンバーを支えたいことをにこに語ったりしています。

花陽は第2期第5話で凛を支えたり、文字通り背中を押す役割を果たしました。

これらの他者との調和を重んじる立ち回りや性格は、「協調型（ベクトルH）」に分類されます。

絵里は学校存続のためにひたすら学校の良さを伝えることに専念し、廃校回避という目標達成のために最適化を図りました。

海未は「μ's」のアイドルとしての実力向上のために効率の良い練習を心がけつつ、自身の稽古や鍛錬には自分の世界観を持って臨んでいます。

真姫はアニメ当初は他者と自分との明確な線引きを設け、ピアノも一人で演奏していました。

また、三者とも共通してツッコミ所のある独自の言い回しや世界観を持っています。これらの立ち回りや性格は、「自己世界観型（ベクトルE）」に分類されます。

にこはナンバーワンアイドルになることを目標とし、スケールの大きい夢を掲げています。また、UTX学院という強力なステータスに憧れる一面もありました。

穂乃果は「私、やっぱりやる！　やるったらやる！」とスケールの大きいことを成し遂げようとする気概に溢れています。また、第2期の第2話では崖で寝たり、第7話ではランニング中に寄り道したりと奔放性が色濃く出ています。

凛は第1期の第5話では雨が降るかもしれない天気で屋上に飛びだしたり、劇場版で雨が降ったときにも真っ先に飛びだしたりと、奔放で行動的な性質に特化しています。

これらの立ち回りや性格は、「行動先行型（ベクトルA）」に分類されます。

つまり、各メンバーのパーソナリティ（人格）は、大きく分ければ素質論の3つのベクトルに分類することができるのです。そしてそれは、「スクフェス」の3つの属性とも対応しているのです。

この分類を表にまとめると、次ページの図のようになります。

恐らく公式の方の誰かがこの素質論について知っていたか、偶発的に人の性格を素質論のタイプと同じように3タイプに分類していたのではないでしょうか。それ故の、この素質論のタイプとの一致だと考えられます。

ベクトル	ベクトルH	ベクトルE	ベクトルA
型	協調型	自己世界観型	行動先行型
属性	ピュア	クール	スマイル
三年生	希	絵里	にこ
二年生	ことり	海未	穂乃果
一年生	花陽	真姫	凛

さて、この3つの素質ですが、興味深いことに相性の良い3人組の組み合わせがあります。それが、「H・E・A」の3タイプが1人ずついる組み合わせです。

先ほどお書きしたように、「μ's」には各学年に1人ずつ「H・E・A」の3タイプが居ます。そのため、各学年のメンバー同士の相性は非常に良いのです。いわゆる「ことほのうみ」、「まきりんぱな」、「にこのぞえり」といった組み合わせですね。

これは各素質の特徴をお互いがカバーしあうため、各ベクトルのいずれかに偏重することなく、バランスが取れたやり取りができるからです。

確かに、にこ・穂乃果・凛の3人は見ていて楽しいのですが、奔放すぎてまとまりが付かなくなりそうですし、希・ことり・花陽の3人はほんわかした空気にはなりますが、先んじて行動する人が居なさそうですよね。

やはり、各ベクトルが1人ずついる3人組が、一番しっくりくる組み合わせなのです。

ちなみに、「μ's」内ユニットの「lily white」「BiBi」「Printemps」の3ユニットの中で、一番トークの掛け合いがしっくり来るのは「lily white」だという評価が多いようです。

これは、「lily white」には「H・E・A」の3タイプが1人ずついるためではないでしょうか。他のユニットはベクトルHが2人、ベクトルEが2人と偏りがありますよね。やはり、各ベクトルのバランスが取れた組み合わせが、見ていて一番しっくりくるようです。

そう考えると、各ベクトルが3人居る9人グループの「μ's」は、非常にバランスの取れた素晴らしいユニットであると言えますね。

ここまで素質論の基礎的なことをお書きしてきましたが、各ベクトルの特徴についてはお分かり頂けたでしょうか。ここからさらに、すこしだけ踏み込んだ話をしようと思います。

まず、素質論の素質は、先ほどお書きしたように細かく分ければ12タイプに分かれます。3ケタの数字で表されるので、それぞれ見ていきましょう。

・ベクトルH「108」……赤ちゃんの精神性。初対面の人が苦手で、人間関係では信頼感を大切に、親しみ深い環境を築きたいという思いがある素質です。花陽とことりがこのタイプに当てはまります。
・ベクトルH「789」……会長の精神性。第一印象は控えめかつ温厚で、一般的に目立つほうではありません。しかし、陰では着々と出番を待ち、そのための準備を綿密に進める素質です。希がこのタイプに当てはまります。
・ベクトルH「012」……青年の精神性。気さくで温厚な人が多く、とても親切な印象を与えますが、どことなく気取った印象もある素質です。
・ベクトルH「025」……葬られた精神性。人当りがよく柔らかい雰囲気がありますが、どこか客観的な感覚で世を見ているような印象もある素質です。
・ベクトルE「001」……胎児の精神性。現実的な思考を持ち、データ分析や市場調査も怠りなく、それを元に独自のアイデアで加工することを得意とする素質です。絵里がこのタイプに当てはまります。
・ベクトルE「919」……幼子の精神性。やんちゃで目の前のことに全力投球をし、欲しいものは必ず手に入れたいと願う素質です。
・ベクトルE「125」……老人の精神性。長いスパンで夢とロマンを具現化することに自分らしさを感じ、地道に足元を固めてシビアに頑張る素質です。海未がこのタイプに当てはまります。著者もこの素質です。
・ベクトルE「555」……王様の精神性。マイペースで平然とした印象がありますが、全体のバランスを見ながら合理的に行動する素質です。真姫がこのタイプに当てはまります。
・ベクトルA「888」……少年少女の精神性。チャレンジ精神があり、手っ取り早く一気に大成したいと思い、非凡を求める素質です。穂乃果がこの素質に当てはまります。
・ベクトルA「024」……危篤の精神性。殻の閉じた環境を嫌いながらも、物事に首を突っ込みたがる好奇心旺盛な素質です。
・ベクトルA「100」……大人の精神性。頑固で生真面目で、やるときめたからには100%をめざす完璧主義な素質です。にこがこの素質に当てはまります。
・ベクトルA「000」……魂の精神性。鋭い直感と閃きがあり、とっさの状況判断に優れ、一目置かれながらも自由を求める素質です。凛がこの素質に当てはまります。

さて、この12タイプの素質ですが、生年月日から算出することが出来ます。今回は特別に、その算出方法もお伝えします。もちろん「μ's」のメンバーは生まれ年が分からないことと、あくまで後付の誕生日のため、この算出法で「μ's」メンバーの素質を特定することは出来ません。

とはいえ、この機会にぜひあなた自身の素質を算出してみましょう。自分と素質の同じ

算出表　その１

月/	01	02	03	04	05	06	07	08	09	10	11	12
1966/	56	27	55	26	56	27	57	28	59	29	00	30
1967/	01	32	00	31	01	32	02	33	04	34	05	35
1968/	06	37	06	37	07	38	08	39	10	40	11	41
1969/	12	43	11	42	12	43	13	44	15	45	16	46
1970/	17	48	16	47	17	48	18	49	20	50	21	51
1971/	22	53	21	52	22	53	23	54	25	55	26	56
1972/	27	58	27	58	28	59	29	00	31	01	32	02
1973/	33	04	32	03	33	04	34	05	36	06	37	07
1974/	38	09	37	08	38	09	39	10	41	11	42	12
1975/	43	14	42	13	43	14	44	15	46	16	47	17
1976/	48	19	48	19	49	20	50	21	52	22	53	23
1977/	54	25	53	24	54	25	55	26	57	27	58	28
1978/	59	30	58	29	59	30	00	31	02	32	03	33
1979/	04	35	03	34	04	35	05	36	07	37	08	38
1980/	09	40	09	40	10	41	11	42	13	43	14	44
1981/	15	46	14	45	15	46	16	47	18	48	19	49
1982/	20	51	19	50	20	51	21	52	23	53	24	54
1983/	25	56	24	55	25	56	26	57	28	58	29	59
1984/	30	01	30	01	31	02	32	03	34	04	35	05
1985/	36	07	35	06	36	07	37	08	39	09	40	10
1986/	41	12	40	11	41	12	42	13	44	14	45	15
1987/	46	17	45	16	46	17	47	18	49	19	50	20
1988/	51	22	51	22	52	23	53	24	55	25	56	26
1989/	57	28	56	27	57	28	58	29	00	30	01	31
1990/	02	33	01	32	02	33	03	34	05	35	06	36
1991/	07	38	06	37	07	38	08	39	10	40	11	41
1992/	12	43	12	43	13	44	14	45	16	46	17	47
1993/	18	49	17	48	18	49	19	50	21	51	22	52
1994/	23	54	22	53	23	54	24	55	26	56	27	57
1995/	28	59	27	58	28	59	29	00	31	01	32	02
1996/	33	04	33	04	34	05	35	06	37	07	38	08
1997/	39	10	38	09	39	10	40	11	42	12	43	13
1998/	44	15	43	14	44	15	45	16	47	17	48	18
1999/	49	20	48	19	49	20	50	21	52	22	53	23
2000/	54	25	54	25	55	26	56	27	58	28	59	29
2001/	00	31	59	30	00	31	01	32	03	33	04	34
2002/	05	36	04	35	05	36	06	37	08	38	09	39
2003/	10	41	09	40	10	41	11	42	13	43	14	44
2004/	15	46	15	46	16	47	17	48	19	49	20	50

算出表　その２

算出された数字	タイプ	算出された数字	タイプ
01	888（少年少女の精神性）	31	024（危篤の精神性）
02	789（会長の精神性）	32	108（赤ちゃんの精神性）
03	919（幼子の精神性）	33	125（老人の精神性）
04	125（老人の精神性）	34	919（幼子の精神性）
05	012（青年の精神性）	35	025（葬られた精神性）
06	555（王様の精神性）	36	001（胎児の精神性）
07	888（少年少女の精神性）	37	024（危篤の精神性）
08	789（会長の精神性）	38	108（赤ちゃんの精神性）
09	919（幼子の精神性）	39	125（老人の精神性）
10	125（老人の精神性）	40	919（幼子の精神性）
11	108（赤ちゃんの精神性）	41	789（会長の精神性）
12	024（危篤の精神性）	42	888（少年少女の精神性）
13	001（胎児の精神性）	43	555（王様の精神性）
14	025（葬られた精神性）	44	012（青年の精神性）
15	919（幼子の精神性）	45	125（老人の精神性）
16	125（老人の精神性）	46	919（幼子の精神性）
17	108（赤ちゃんの精神性）	47	789（会長の精神性）
18	024（危篤の精神性）	48	888（少年少女の精神性）
19	001（胎児の精神性）	49	555（王様の精神性）
20	025（葬られた精神性）	50	012（青年の精神性）
21	000（魂の精神性）	51	100（大人の精神性）
22	000（魂の精神性）	52	100（大人の精神性）
23	025（葬られた精神性）	53	012（青年の精神性）
24	001（胎児の精神性）	54	555（王様の精神性）
25	001（胎児の精神性）	55	555（王様の精神性）
26	025（葬られた精神性）	56	012（青年の精神性）
27	000（魂の精神性）	57	100（大人の精神性）
28	000（魂の精神性）	58	100（大人の精神性）
29	025（葬られた精神性）	59	012（青年の精神性）
30	001（胎児の精神性）	60	555（王様の精神性）

キャラクターが誰か分かるかもしれませんし、それが自分の推しである可能性もあります。

まずは自身の正しい生年月日を確認します。生まれた時間が23時以降の場合は、生まれた日を翌日として計算します。例えば1995年10月5日の23時半に生まれた場合、生年月日を1995年10月6日として計算するということです。

次に「算出表その1」を見て、縦軸の年と横軸の月が交差する部分をチェックします。1995年10月6日生まれの場合は、「01」という数字が出てきますね。

さらに、その数字に生まれた日を加算します。1995年10月6日生まれの場合は、01に6を足して07という数字になりますね。ここで算出した数字が60を超える場合は、その数字から60を引きます（63の場合は60を引いて3となります）。

そして、出てきた数字に「算出表その2」で対応したタイプが、あなたの素質となります。1995年10月6日生まれの場合は、ベクトルA「888」の少年少女の精神性。穂乃果と同じタイプの素質となりますね。

この素質論ですが、統計学的に算出されたものなので、外れることもありますが占いやスピリチュアルの類とは異なります。自分や友人・知人がどんな素質かを知ることが出来れば、よりお互いに良い関わりを持つことが出来るのではないでしょうか。

最後に、人間の素質にはエレメントという3つのタイプがあります。それぞれファーストエレメント、セカンドエレメント、サードエレメントと呼びます。

ファーストエレメントは、一番自分らしい素質です。先ほどの算出表から導き出せるのはこの素質で、「μ's」のメンバーに当てはめたのもこの素質です。つまり、今までお書きしてきた素質は、このファーストエレメントのことです。

セカンドエレメントは、初対面や仕事での対人関係で、人に見せようとして現れる素質です。つまり、表向きの素質ですね。

サードエレメントは、集中したときや追い込まれたときなど、突発的な出来事に対して現れる素質です。つまり、ピンチのときの素質ですね。

例えば希の場合、関係の薄い人に対してはどこか飄々とした、掴みどころのないように映りますよね（特に漫画版の『ラブライブ！』では色濃く出ています）。これは希のセカンドエレメントがベクトルAの「024」、危篤の精神性を表しているためです。

ちなみに、3つのエレメントごとにベクトルが異なるケースは大いに存在します。その場合、ファーストエレメントが自分の核となるベクトルだと判断しましょう。

慣れ親しんだ相手と初対面の相手で人柄がガラッと変わる人がいるのは、この3つのエレメントをうまく使い分けているからなのですね。特に希の場合は転校を繰り返し、環境が大きく変わることに慣れていたため、対人関係においてエレメントを使い分けることに無意識のうちに慣れていたと考えられます。

この3つのエレメントですが、その算出方法は広く公開されておらず、またその方法もかなり煩雑です。しかし、書籍によっては算出法が記載されているものもありますので、気になる方は読んでみてください。

このように、素質論は知れば知るほど奥が深く、一口に人の素質を表すこともなかなか難しいです。しかし、「μ's」のメンバーがバランスの取れた素質を持っていること、お互いの素質をカバーしあう形で関係性を築いていることが、お分かり頂けたかと思います。

第1章では、『ラブライブ!』のキャラクターは記号的ではなく、人間らしい性格をしているとお書きしました。そうした等身大の人間らしい性格を持っているからこそ、彼女達は魅力的に映るのですね。

「μ's」の解散とアリストテレス

素質論という面白くもあり奥が深い考え方に触れたついでに、今度はひとつ哲学的な考え方に触れてみましょう。「μ's」の解散と、アリストテレスの哲学についてです。

「μ's」の出した解散という結論ですが、やはり解散してほしくないという意見の方も居ると思います。例えば、「3年生が卒業しても雪穂と亜里沙が居るじゃないか！」といった意見です。

確かにこの意見も至極真っ当ではありますが、実はこの意見は、とある別の意見と対になる価値観を持っています。まずは、その対になる価値観を見ていきましょう。

「テセウスの船」という言葉を聞いたことがあるでしょうか。

プルタルコスという古代ギリシャの哲学者が、以下のような伝説を語りました。

「テセウスがアテネの若者と共にクレタ島から帰還した船があり、アテネの人々はこれを後々の時代まで保存していた。しかし、ところどころ朽ちた木材は徐々に新たな木材に置き換えられていき、やがて元の木材はすっかりなくなってしまった。これが哲学者らにとって恰好の議論の的となった」

この哲学者らの議論というのは、新しい木材に置き換えられていった新たな船は、元の船と同じものであるかという議論です。ある哲学者は同じものとは言えないとし、別の哲学者は同じものであるといった主張をしました。

このことからプルタルコスは、船の全ての部品が置き換えられたとき、その船が元の船と同じものと言えるだろうか？　という疑問を投げかけました。この船というのが「テセウスの船」なのです。

さて、このテセウスの船ですが、船を「μ's」、木材をメンバーに言い換えることが出来ます。すなわち、「『μ's』の全てのメンバーが入れ替わったとき、その『μ's』は元の『μ's』と同じものと言えるだろうか？」という哲学的命題です。

この命題に対し、プルタルコスはヘラクレイトスの「人々が同じ川に入ったとしても、常に違う水が流れている」という言葉を引用し、木材が変わった時点で船は以前とは違うものであると主張しました。もしプルタルコスが現代に蘇り『ラブライブ！』を見たとしたら、「μ's」のメンバーが入れ替わった時点でそれは元の「μ's」ではない、と主張するでしょう。

一方この命題に対し、「おじいさんの古い斧（Grandfather's old axe）」という例から、プルタルコスの主張に対抗する哲学者も現れました。「刃の部分は3回交換され、柄は4回交換されているが、同じ古い斧である」というように、「おじいさんの古い斧」とは、本来のパーツがほとんど残っていないが、物の本質は変わらないということを示す口語表現です。

また、人体の細胞という例から、「人体を構成する細胞の平均寿命は10年程度であり、ヒトの細胞は常に入れ替わっている。10年後の人間は元の人間とは違うのだろうか？（いや、違うはずがない)」という主張により、「おじいさんの古い斧」の視点を補佐する学者も、後世に現れました。この学者が『ラブライブ!』を見たとしたら、「μ's」のメンバーが入れ替わってもそれは「μ's」である、と主張するでしょう。

この2つの主張はどちらも筋が通っており、議論は平行線を辿りました。これに対し哲学者アリストテレスは次のような説明を試みました。

アリストテレスの哲学体系では、事象の原因・要因は4つに分類されます。これを「四原因説」と呼びます。

アリストテレスによれば、ある物の素材を表すものを「質料因(ヒュレー)」と呼びます。この質料因は、テセウスの船で言うところの木材であり、『ラブライブ!』で言うところの「μ's」のメンバーです。

「質料因」という点に着目すれば、物を構成する素材が入れ替わった時点で、その物は以前と同じではないということになります。すなわち、これがプルタルコスとヘラクレイトスの主張の観点であり、「μ's」のメンバーが入れ替わった時点でそれは元の「μ's」ではないという主張の観点です。

次に、アリストテレスによれば、「ある物が何であるか」という問いに答えるものを「形相因(エイドス)」と呼びます。

簡単に言えば、ものの本質を表す要因が「形相因」ということです。この形相因は、テセウスの船で言うところの「船は何であるか」であり、『ラブライブ！』で言うところの「『μ's』は何であるか」です。

「形相因」という点に着目すれば、物を構成する素材が入れ替わったとしても、その物の本質は変わらないため、その物は以前と同じということになります。すなわち、これが「おじいさんの古い斧」や人体の細胞を例に取った学者の主張の観点であり、「μ's」のメンバーが入れ替わってもそれは「μ's」であるという主張の観点です。

ここまでをまとめると、アリストテレスの四原因説の「質料因」に着目すれば、「μ's」はメンバーが入れ替わった時点で「μ's」ではないということになり、「形相因」に着目すれば、「μ's」はメンバーが入れ替わっても「μ's」であるということになります。

そして、穂乃果達の出した結論は、「μ's」はメンバーが入れ替わった時点で「μ's」ではない、というものでした。アニメ第2期第11話での、穂乃果達の台詞は以下の通りです。穂乃果、海未、真姫、花陽、凛、ことりの順です。

「やっぱり、この9人なんだよ。この9人が『μ's』なんだよ」

「誰かが抜けて、誰かが入って。それが普通なのは分かっています」

「でも、私達はそうじゃない」

「『μ's』はこの9人」

「誰かが欠けるなんて考えられない」

「1人でも欠けたら、『μ's』じゃないの」

彼女達がメンバー一人ひとりという「質料因」に着目したからこそ、「μ's」を大会をもって解散させるという結論に、彼女達は至ったのです。

しかし、私達ファンの中には、「形相因」のほうに着目した人も居ました。メンバーが入れ替わっても、「μ's」という本質は覆らない。だから、「μ's」をどうか続けてほしい。

この考え方も、もちろん筋が通っています。「おじいさんの古い斧」を譲り受けて何十年も振るい続ける木こりは、例え部品を何度も取り替えたとしても、その斧は「おじいさんの古い斧」なのです。

でも、だからこそ、そうしたファンの意見を敢えて振り切るために、「終わらせる物語」である劇場版『ラブライブ!』が公開されたのではないでしょうか。

「形相因」という着眼点からすれば、確かに「μ's」という本質はいつまでも変わらないかもしれない。それでも、メンバーの一部がスクールアイドルでなくなった時点で、「μ's」を終わらせなければならない。それが、公式の出した答えなのです。

ちなみに、「質料因」と「形相因」の価値観の対立は、同じ二次元アイドルコンテンツである『THE IDOLM@STER』でも起こっています。

派生作品である『アイドルマスター シンデレラガールズ』は全くの別物である一方で、『アイドルマスター ミリオンライブ!』では、本家アイマスのメンバーが出演した上で、新キャラクターと共に活動をしています。

この新キャラクターと本家キャラクターが両立している状態を是とするか否かは、ファンの持つ「質料因」と「形相因」というそれぞれの価値観の間における議論だと言えます。

さて、「テセウスの船」と「μ's」の解散について、ご理解頂けたでしょうか。

しかし、とてつもなく皮肉なことに、「アイドル」というものの本質は「形相因」です。

というのも、「形相因(エイドス)」というギリシャ語は、ラテン語では「idola(イドラ)」という言葉に変化します。

察しのいい方はこの時点でお分かりでしょうか。「idola(イドラ)」という言葉は、英語で「idol(アイドル)」です。

「アイドル」の本質は「エイドス」、すなわち形相因なのです。つまり、「アイドル」の本質は、構成メンバーが入れ替わってもグループは存続しつづけるという、形相因的な価値観なのです。

本来のアイドルグループは、メンバーの卒業を経ても、グループを続けるものなのです。ファンもそれを求めているし、グループを長続きさせるにはそれが英断です。

形相因の価値観を持てば、船はいつまでも船であり続けられるのです。

しかし、「μ's」はプロのアイドルではなく、あくまでスクールアイドルです。3年生が卒業して、メンバーが仮に入れ替わっても「μ's」を続けるとしたら、それはまさしくアイドルでしょう。形相因的な価値観でいつまでも「μ's」を見ていたいとするファンの気持ちに応える、真のアイドルとなるでしょう。

しかし、「μ's」は等身大の高校生達が織り成す、スクールアイドルというグループです。だからこそ、たとえアイドルの本質とは正反対だとしても、彼女達の決断は称賛されるべきものではないでしょうか。

「μ's」という船は、限りある時間の中で、沢山のものを届けてくれたのです。

視覚心理学から学ぶ彼女達のミリョク

さて、素質論やギリシャ哲学といった、人の内面や物事の本質について触れたところで、この項ではキャラクターの外面の部分に簡単に触れていきます。

『ラブライブ！』というコンテンツは、二次元と三次元の両方で成り立っています。二次元の代表コンテンツはアニメ、三次元の代表コンテンツはライブです。

では、なぜ私達は違和感なく両方のコンテンツを受け入れられるのでしょうか。

言うまでもなく、私達は視覚情報がインプットされる段階で、アニメーションと現実の区別が付いています。言い換えれば、二次元と三次元の区別がちゃんと付いているのです。

しかし、私達は『ラブライブ！』というコンテンツを楽しむにあたって、二次元と三次元という壁をあまり感じません。

少し深くまで言及すると、知覚の段階では二次元と三次元が明確に区別されながらも、認知の段階では『ラブライブ！』という統合されたコンテンツとして扱っているのです。

知覚とは、感覚器官を通して事物を知ること。認知とは脳を通して物事を理解すること。知覚と認知の段階で対象の見え方に差が生じるのは、よくよく考えてみるとやや不思議ですよね。

『ラブライブ！』というコンテンツが二次元と三次元が融合して成り立っているのには、知覚と認知という観点から2つの理由が考えられます。

知覚の段階で二次元と三次元の橋渡しになるような仕掛けが施されていること、そして、認知の段階で二次元‐三次元間の壁を取っ払うような仕掛けが施されていることの2つです。前者はこの項目で、後者は次の章「『ラブライブ！』はなぜ社会現象になったのか⁉」にてお書きします。

さて、知覚の段階で二次元と三次元の橋渡しになるような仕掛けについてですが、まずは人間の運動知覚というものについて簡単に触れていきます。

人間の視覚情報というのは、目から神経を経由して脳に届きます。具体的には、眼球の角膜・水晶体・硝子体を通過した光が、眼球内部の網膜で電気信号に変換され、視神経・視神経交叉・視索・外側膝状体《かいそくしつじょうたい》・視放線という器官を経て、後頭葉の第一次視覚野に送られます（別刷日経サイエンス「脳と心」）。

こうした器官で処理される視覚情報ですが、最初の段階では動画ではなく、一枚一枚の画像としてインプットされます。目はよくカメラに例えられることがありますが、まさにカメラと同様、人間の目は映ったものを静止画像として記録するのです。

画像として記録された視覚情報は、電気信号に変えられて脳の後頭葉に向けて送信されます。この電気信号を受けた脳が画像と画像をつなぎ合せ、私達は動画として対象を捉えるのです。

リアルタイムの物の動きが最初は画像として知覚されることを考えると、私達の「ものを見る」という行為は、非常に不思議なものですよね。

矢澤にこの「にっこにっこにー」という一連のポーズも、「にっ」「こ」「にっ」「こ」「にー」という5つの瞬間を、私達は画像としてインプットし、脳でつなぎ合せているのです。もっと言えば、アニメの1コマ1コマまで細分化して、私達は矢澤にこの動きをインプットしているのです。まるで、矢澤にこの熱狂的なファンみたいですね。

さて、視覚情報が画像としてインプットされるのであれば、それがどのように動画として認識されるのでしょうか。

物が画像として認識されるのであれば、「ひょっとしたら世の中のものは全て静止していて、動きなんてないんじゃないの?」という指摘もありそうなものですよね。

再びアリストテレスが登場しますが、彼の『自然学』にはこのような記述があります。

「もしどんなものもそれ自身と等しいものに対応しているときには常に静止しており、移動するものは今においてそれ自身と等しいものに対応しているならば、移動する矢は動かない、とかれは言うのである」

ここで言う「かれ」とは、ゼノンという哲学者のことです。ゼノンはいくつかのパラドックスを提唱しており、「飛んでいる矢は止まっている（ゼノンの矢）」というパラドックスについて、アリストテレスが言及したのが右記の『自然学』の記述です。

「飛んでいる矢は止まっている」というパラドックスは、飛んでいる矢を私達が見たとき、その瞬間を切り取れば常に矢は静止しているのだから、矢の動きは存在しないのではないか、というパラドックスです。

園田海未の放つラブアローシュートの矢は、果たして飛ばずに止まっているのでしょうか。

実際、この「飛んでいる矢は止まっている」については、視覚心理学（脳科学）の分野において明確な解答は出ておりません。宇宙や深海のことと同様に、私達の脳のことはほんの一部しか分かっていないのです。しかし、私達の視覚に関わることがらを現象として捉え、体系化することにはかなり進歩が見られます。

それでは、私達がアニメを動画として捉えることの出来る仕組みを、現象として見ていきましょう。

踏切の信号機を想像してみてください。電車が近づき遮断機が降りると同時に、「カンカンカン」と音を立てて、信号のランプが点滅します。このランプの点滅ですが、左のランプと右のランプが交互に点灯しますよね。

このランプ、左右に動いているように見えないでしょうか。

こうした、本来は物体が動いていないけれど動いて見える現象のことを、「仮現運動」と呼びます。より正確に言えば、物体的運動が存在しないにもかかわらず知覚される運動のことを「仮現運動」と呼びます（別冊日経サイエンス「人は見かけの運動をどう知覚するか」）。

踏切の例のように、2つの光点を光らせることで仮現運動が起こることは「エクスナー」の実験において、そして色の変化などを加えても仮現運動が起こることは「ヴェルトハイマー」の実験において報告されました。

『視覚科学』（横澤一彦著）では、「映画が静止画を高速に切り替えているだけなのに、動画として見えるのは、この仮現運動を見ていることになる」と述べられています。静止画の高速の切り替えというのは、アニメでも同様に行われていますね。

つまり、私達が「にっこにっこにー」を「にっ」「こ」「にっ」「こ」「にー」の静止画ではなく一連の動画として認識できるのは、この仮現運動が起こっていたからなのです。

ここまで分かった段階で、改めて本項目のテーマに触れます。「知覚の段階で二次元と三次元の橋渡しになるような仕掛け」についてでしたね。

二次元のコンテンツ（アニメ）の知覚は、あくまで静止画の連続を仮現運動として認識しているのに対し、三次元のコンテンツ（声優によるライブなど）は、実際に起こっている運動です。これでは、逆に二次元と三次元の構造的な隔たりが明らかになったと感じるかもしれません。

しかし、実はこの「二次元の仮現運動」と「三次元のリアルな運動」の橋渡し的な仕掛けが、『ラブライブ！』には存在します。それが一体何か、分かりますでしょうか。

答えは、アニメのライブパートに挿入される「3DCG演出」です。

アニメ第1期第1話の「ススメ→トゥモロウ」ではまだ3DCGとアニメーションの差が明確でしたが、例えばアニメ第2期第6話の「Dancing stars on me!」を見ると、アニメーションと3DCGの移行がとてもスムーズになっています。

特に「Dancing stars on me!」のBメロのシーンではアニメーションと3DCGが交互に挿入されるのですが、注意して見なければその差異は認識できず、ひとつの連続する映像としてしっかり認識できるようになっています。

「3DCG演出」は、三次元の実際の運動モデルをもとに二次元の各コマとしてキャラクターが描かれる、いわば仮現運動とリアルな運動のハイブリッドです。そのため、この「3DCG演出」が「二次元の仮現運動」と「三次元のリアルな運動」の橋渡し的な存在になっているのですね。

昔のCGでは、その技術があまり洗練されていなかったことから「不気味の谷」という現象が起こっていました。人間に似せたロボットが、類似度は高いが人間との区別はつくという段階で、不気味な印象を人間に抱かせるという現象です。

この不気味の谷問題はCGグラフィックにおける課題となってきましたが、技術の進歩に伴い、徐々に解消されてきました。そして、3DCGを違和感なく視聴者が受け入れられるようになったのとほぼ同時期に企画が動いていたのが、この『ラブライブ！』という作品だったのです。

さまざまな側面から見ていくと、『ラブライブ！』というのがいかに複数の要因が綺麗に嚙み合ったコンテンツかというのが分かりますよね。

さて、この項目では、二次元コンテンツと三次元コンテンツを一つの『ラブライブ！』というコンテンツとして認識できることを、視覚心理学の観点から解説致しました。

また、この章では素質論やギリシャ哲学といった面から、『ラブライブ！』の真の魅力をお伝えしてきました。

そこで、次の章では、こうした魅力をもった作品がなぜ社会現象と呼ばれるまでになったのか？　その点について深く考察していきます。キーワードは、「二次元と三次元の相乗効果」です。ある意味本書の真髄となる部分ですので、ぜひお付き合いくださいね。

Column

カップリング論争!?

これから百合の話をします。苦手な方は飛ばしてくださると幸いです。

『ラブライブ!』のファンの間では、「μ's」のキャラクター同士のカップリングがしばしば行われています。「μ's」には女の子しかいないため、百合のカップリングとなります。

百合のカップリングがBLと異なるのは、受けや攻めといった概念がほぼ存在しないことです。受けも攻めも出来る、いわゆる「リバ」であることが前提といった風潮があり、カップリング名称も「にこ真姫」や「のぞえり」といったようにゴロや語感の良さで決まります。

さてこのカップリングですが、著者は「海未凛」をベストの組み合わせとして推したいです。

海未凛に関してはアニメ第1期終了後から第2期開始前の間に1度マイブームが来まして、アニメ第2期の第2話（合宿回）でかなり絡みがあったときは非常にアツい30分を過ごしました。

しかし、逆に言えばそれ以降あまり公式からの供給がないのが現状。あとは「ユメノトビラ」の振り付けでのタッチや、一緒に剣道をやっている公式画像くらいでしょうか。一応「lily white」としての関わりがあるのですが、あくまで3人組のユニットとしての側面が強いですからね。

ただし、この2人の組み合わせはとてもマッチしていて、素質論の項目でもお書きしたように海未はベクトルE「125」で老人の精神性、地道に足元を硬めてシビアに頑張る素質。凛はベクトルA「000」で魂の精神性、一目置かれながらも自由を求める素質。非常に好対照なんですね。

しかもこの2人、ファーストエレメント（通常時）とサードエレメント（ピンチの時）で素質が入れ替わります。

海未は周りから注目されたときはその場から逃げようとしたり、劇場版でホテルを間違えたときは部屋に籠もろうとダダをこねたりしました。凛は第2期第5話でリーダーになったとき、ひたすら頑張ろうとして空回りしていました。

このように、通常時とピンチの時で素質がガラッと入れ替わるのは、海未凛の相性の良さを物語っているのではないでしょうか。そのため、第2期第6話で海未が凛のモノマネをしたときは、思わず「ニヤリ」としてしまいました。

さて、実はこのカップリングですが、面白いことに素質論の項目でお書きしたベクトルが異なる同士の組み合わせが人気です。

おさらいですが、ベクトルHは希、ことり、花陽。ベクトルEは絵里、海未、真姫。ベクトルAはにこ、穂乃果、凛。

人気の組み合わせはにこ真姫、のぞえり、凛ぱな。次点でほの海未やこと海未、ほのこと辺りも人気ですよね。これらはすべて、ベクトルが異なる同士の組み合わせなのです。

逆に、ベクトルが同じ同士の組み合わせはあまり存在しません。あるとしても、ことぱなや海未絵里くらいでしょうか。これは恐らく、同じベクトル同士だと方向性も似ていて、逆にカップリングとしては想像しにくいという理由があるためでしょう。

お互いの長所や短所を補完しあうのが良いカップリングだとしたら、やはりベクトルの異なるキャラ同士のほうが好まれる組み合わせなのでしょうね。まるで、SとNが惹かれあう磁石のように。

そう考えると、にこ真姫の歌う「ずるいよＭａｇｎｅｔｉｃ　ｔｏｄａｙ」は、タイトルも歌詞もカップリングの本質を言い当てているように感じます。作詞の畑亜貴さんは、やはりさすがだと思いますね。

そんなわけで、海未凛の良さが多くの人に伝わって、公式からの供給がもっと増えればいいなと思う著者でした。

第3章

『ラブライブ！』はなぜ社会現象になったのか

結論は「オタクを部屋の外に出したこと」
いかに魅力ある作品でも、それがアニメ作品とアニメ視聴者という関係で完結してしまった場合、その作品は社会現象にはなりません。

歴代の深夜アニメBD第1巻の売上第1位。歴代深夜アニメの劇場版の興行収入第1位。こうした社会現象と呼ぶにふさわしい実績を残した理由は、ただ作品が魅力的であるというだけではないのです。

歴代のヒットアニメにも、社会現象と呼ばれたものが幾つかありました。例えば、『新世紀エヴァンゲリオン』や『けいおん!』、『進撃の巨人』などが挙げられます。

これらの作品が社会現象レベルでヒットしたのは、ある程度明確な理由があります。『新世紀エヴァンゲリオン』は、退廃的な作風が1990年代という時代の気風にマッチしていたこと。『けいおん!』は、耳に残る親しみやすい楽曲と、女性から見ても可愛いと思える仕草や表情を取り入れて出来上がった作品だったことが、流行を作り出した主な要因です。

『進撃の巨人』は、人間が被捕食者となる斬新な設定や、アニメ映えのする爽快な動きの「立体機動装置」が人気となったこと。また、「進撃の巨人展」のように作品の世界観を体験できる機会が設けられたことが流行の要因だと考えられます。

しかし、『ラブライブ！』がＢＤの売上やアニメの興行収入で第1位となったのには、これらの作品とは異なる要因があります。それは一体何なのか、この章で見ていきましょう。

２０１５年8月のデイリースポーツの記事「〝中の人〟が語る『ラブライブ！』人気の理由……2次元と3次元の相互効果」にて、声優のＰｉｌｅさんが『ラブライブ！』人気の理由は二次元と三次元の相乗効果だと語っています。以下に記事の引用を掲載致します。

「最初はコミックマーケットのＣＤから全然売れなくて、自分達でも説明ができないぐらい謎のコンテンツだったんですけど、そこから応援して下さる方がいて、ＣＤがたくさん売れるようになって、アニメができて……っていう、いい意味でメンバーと役柄がリンクしていたり、していなかったりする部分。そしてメンバーがそれぞれの役柄を大切にしている部分が大きいんじゃないですかね……」

この言葉に象徴される二次元と三次元の相乗効果について、本章では詳しく見ていこうと思います。

まず結論から書きますと、『ラブライブ!』が社会現象となった一番の理由は「オタクを部屋の外に出したこと」だと言えます。一体、どういうことでしょうか。

いかにアニメが魅力的だったとしても、それを見る視聴者がそのアニメコンテンツにお金を出さなければ、社会現象と言える実績は残りません。

実際、ニコニコ動画等の動画配信サイトでいかに再生数が伸びようとも、売上面が伸び悩み、予算不足から2期が作られず、やがて視聴者から忘れられてしまうという作品も多数あります。

ニコニコ動画で「第1話」というワードで検索をかけ、アニメの再生数が上位の10作品を掲載します(2015年8月19日現在)。

1位から順に、『ご注文はうさぎですか?』『進撃の巨人』『がっこうぐらし!』『カッコカワイイ宣言!』『ニンジャスレイヤー フロムアニメイシヨン』『這いよれ! ニャル子さん』『鬼灯の冷徹』『シュタインズ・ゲート』『旦那が何を言っているかわからない件』『ダンガンロンパ』となります。

ちなみに、『ラブライブ!』は約104万再生で19位となります。

もちろん放送時期や時間帯や放送地域など、テレビで見られないからニコニコ動画で見るといった事情も再生数に影響しますが、基本的にこの順位がニコニコ動画で人気のアニメを反映していると言っていいでしょう。

しかし、歴代のアニメBD・DVDの第1巻については、順位がガラッと変わります。1位から順に、『ラブライブ！ 2nd Season』『進撃の巨人』『化物語』『魔法少女まどか☆マギカ』『うたの☆プリンスさまっ♪ マジLOVE2000%』『偽物語』『マクロスF』『NANA』『コードギアス 反逆のルルーシュ』『コードギアス 反逆のルルーシュR2』となっています（2014年12月時点の統計）。

このように、ニコニコ動画における再生数の順位と、アニメBD・DVD第1巻の売上の順位には非常に大きな差があるのです。

もちろん、ニコニコ動画には特有の空気感があるため、作品の魅力＝ニコニコ動画での人気とは正確には言えないかもしれません。しかし、作品の魅力を表す指標の一つとしては使えるはずです。

その一つの指標であるニコニコ動画の再生順位と、BD・DVDの売上順位にここまで差があるということは、作品の魅力や人気が売上に単純に直結してはいないということです。むしろ、統計的に考えれば相関係数（数値上関係している度合）は低いのではないでしょうか。

作品の魅力や人気がコンテンツの売上に反映されにくいアニメ業界において、『ラブライブ！』はその魅力や人気を見事売上に反映させ、社会現象として各種実績を残しました。では、なぜそのようなことが出来たのでしょうか。

この理由を語る上で、「他の作品にはなく、『ラブライブ！』に特別起こったこと」を考える必要があります。

『ラブライブ！』特有の現象として挙げられそうなのが、女性キャラクターばかりの作品であるにも関わらず、女性ファンが多いという点です。この女性からの人気は、キャラクターへの親近感や憧れ、楽曲の親しみやすさなどが主な要因だと考えられます。

しかし、これらの要因は『けいおん！』と被る部分もあり、実は『ラブライブ！』だけの特別な現象というわけではありません。実際、『けいおん！』のファンには普段アニメを見ないような女子中高生も居たことが、過去に「日経エンタテインメント！」の記事に書かれていました。

では、「『ラブライブ！』に特別起こったこと」とは、一体何なのでしょうか。

その答えが、「オタクを部屋の外に出したこと」なのです。

基本的に、オタクはインドア派であまり外に出て購買や浪費という行動をしません。BDやCDを買うことは今やネット通販で可能であり、彼らがその売上に大きく貢献していることは十分考えられますが、ライブに行ったり映画館に行ったりといった行動となると、ハードルが高く感じてしまうのがいわゆるコテコテの「オタク」という人種です。

しかし、彼らに「ライブに行きたい！」「映画に行きたい！」といった情動を起こさせ、オタクを部屋の外に出すことに、『ラブライブ！』は成功したのです。

では、なぜ『ラブライブ！』はオタクを部屋の外に出すことに成功したのでしょうか。そのことを理解するためには、まずはオタクという人達、特に「ラブライバー」と呼ばれる人達について理解していくことが必要です。

そのため、次の項からラブライバーやオタク自体について触れていきます。先に告知しておきますが、昨今メディアで問題視されているラブライバーの問題行動についてもメスを入れていきます。

心苦しくもありますが、やはり『ラブライブ！』について考察していくにあたって、ラブライバーの性質にメスを入れることは避けては通れないのです。どうかお付き合いください。

世の中の「2種類の人間」

世の中には、大きく分けて2種類のタイプの人間がいます。第2章の素質論で述べた素質のタイプとは別の視点から、2種類に分類できます。

まずは、左の図をご覧ください。

次の図は心理学者ユングの性格類型論の「内向型」と「外向型」という側面に、現代に当てはまる性格・趣向・職業をつけ加えたものです。

ユングはフロイトの提唱したリビドーの概念を、「心的エネルギー」という概念でとらえ直し、心的エネルギーが心の内側（内界）に向く人を「内向型」、心的エネルギーが心の外側（外界）に向く人を「外向型」と名付けました。

この内向型の人間の現代における特徴として、権威・思考タイプ、学者・研究者肌、インドア派、オタク、正確性を好むといった側面を持つとし、そうした人を「オーソリティ型（Ａｕｔｈｏｒｉｔｙ型）」と著者は分類しました。

2つのタイプ

Authority型	Player型
権威・思考タイプ	行動タイプ
学者・研究者	芸能人・スポーツ選手
インドア派	アウトドア派
オタク	一般人
正確性を好む	リアルタイム性を好む
内向性	外向性

外向型の人間の現代における特徴としては、行動タイプ、芸能人・スポーツ選手肌、アウトドア派、一般人、リアルタイム性を好むといった側面を持つとし、そうした人を「プレイヤー型（Ｐｌａｙｅｒ型）」と分類しました。

オーソリティとは「権威者」、プレイヤーとは「実行者」のことを指します。

例えばオタクというのは元来、インドア派で部屋に籠もり、アニメを見たりゲームをやったりするものでした。興味ある物事への研究心が強いことから、学者や研究者肌の人間が多いのです。

一方いわゆる社交的な一般人というのは、アウトドア派で部屋の外で過ごし、飲み会や交流会、スポーツやレジャーなどを好みます。活動的で他者とのリアルタイムのコミュニケーションを好むことから、芸能人やスポーツ選手肌の人が多いのです。

もちろん、これら2つのタイプは段階的であり、どちらかと言えばオーソリティ型、どちらかと言えばプレイヤー型、といった人もいます。また、芸能人だけど内向型、オタクだけど外向型という人も居るため、あくまで「そうした傾向がある」ものとして捉えて頂けるとありがたいです。

さて、それではこのユングの性格類型論を元にした「オーソリティ型」と「プレイヤー型」という視点から、いよいよラブライバーの本質を見ていきましょう。

この本を読んでいる皆さん、特に『ラブライブ！』のライブやファン同士のオフ会に参加した経験のあるファンの方々は、この項目を読みながら、このように思ったのではないでしょうか。

「自分はオーソリティタイプでもあるし、プレイヤータイプでもあるなあ」と。

そう思った方は、『ラブライブ！』の公式の策に、見事ハマっているのです。次の項目にて、解説を致します。

「ラブライバー」

「ラブライバーに喧嘩売るとか死ぬ気か？」

唐突ですがこの言葉は、２０１５年8月のおたぽるの記事「『ＯＮＥ　ＰＩＥＣＥ』尾田栄一郎vsラブライバー!?『ジャンプ』巻末コメントにラブライバーガチギレ!!」という記事に、ラブライバーの言葉として載せられたものです。

こちらは『ＯＮＥ　ＰＩＥＣＥ』作者の尾田栄一郎さんが「週刊少年ジャンプ」の巻末に載せた「神田明神に行ったらラブライブがコラボしてました。なぜそうなったんだろう」というコメントに対し、ラブライバーが怒ったことを記載した記事でした。

この件から分かるのは、この記事が大手検索エンジン「Ｙａｈｏｏ！」のニュースにも転載されるほど、言ってしまえばラブライバーは口の悪いファンが多いと認識されているということです。

また、「実話ＢＵＮＫＡ超タブー」２０１５年6月号では、「ラブライバーがキモすぎる」

と題してラブライバーを批判する記事が書かれました。

こちらの雑誌は、対象を煽るような記事で話題を呼び購入者を増やすという、半ば炎上商法的な販売戦略を取っています。そのため、その内容に客観性や中立性があるかと言えば、必ずしもそうだとは言いきれない部分もあります。

また「雑誌には、事実無根のことを事実として掲載してはならない」といった法律の類は存在しないため、虚偽の内容が掲載される可能性は大いにあります。では、この雑誌に掲載された内容の真偽はどうなのでしょうか。

当雑誌に掲載された「ラブライバーの迷惑行為」には、以下の趣旨の事柄が書かれています。

・カード付きウェハース……商品を買わずに封を破り、カードだけ抜き去った。
・神田の竹むら……穂乃果の誕生日にラブライバーが大量に押しかけ、特別に開放された二階座敷に土足で上がり込み、馬鹿騒ぎをした。
・神田明神……『ラブライブ！』キャラデザ担当者（室田雄平さん）が奉納した絵馬が消失した。
・東京ゲームショウ……禁止されていたオタ芸やコールを行い、『ラブライブ！』主演声優の注意にも聞く耳持たず、運営からイエローカードが宣告された。
・アニメジャパン……徹夜禁止を破ったうえに、テレビのインタビューで誇らしげに自慢した。
・ライブ会場……物販のゴミは持ち帰るというルールを無視し、ガチャガチャのカプセルを会場に散らかした。
これらの内容が記載されていましたが、実際に起こったことと比較すると、針小棒大に書かれている箇所もある一方で、事実無根のことは書かれていませんでした。つまり、あくまで根も葉もない虚偽の内容ではなく、実際に起こった迷惑行為をピックアップした記事だったのです。

右記の2つの記事からも、やはりラブライバーにはモラルのない迷惑行為を働く人が居るというのは事実です。それも、竹むらやゲームショウのブースなど、ファンでなければ行かないような場所で迷惑行為がされているため、ラブライバーに成りすました人ではなく、本当のファンがそれを行っているということが分かります。

これに対し、「ファンの母数が多いため、どのコンテンツにも一定の割合でいる迷惑な人も多くなるんだよ」という意見もあります。

しかし、これはあくまで著者の所感ですが、ファンの数に対して、その迷惑行為を働く人の割合が、他のコンテンツよりよっぽど多いと感じます。つまり、母数が多いだけでなく迷惑行為を働く人の割合がそれ以上に多いため、結果的に他のコンテンツよりも迷惑行為を働く人がずっと多くなっているということです。

では、なぜ迷惑行為を働く人が他のコンテンツよりも圧倒的に多いのでしょうか。

その答えの鍵は、ひとつ前の項で紹介した「オーソリティ型」と「プレイヤー型」にあります。

結論から書きますと、ラブライバーと呼ばれる人達の多くは、「元オーソリティ型」であり、「現プレイヤー型」の人間です。つまり、元々「オーソリティ型」だった人が、「プレイヤー型」に変化したということです。

特にライブやイベントに行く『ラブライブ!』ファンの方々に問いたいのですが、そうしたライブやイベントに参加する経験は、この『ラブライブ!』が初であるという方が多いのではないでしょうか。

または、映画を何回も見たり、BDを何枚も買ってライブの先行抽選予約を行ったり、ファン同士のオフ会に参加したり、コミックマーケット等のイベントで作品を頒布したりといった行為をした人は、この『ラブライブ!』が初めてという方も多いのではないでしょうか。

というのも、各種イベントの参加人数の伸びを考えると、そうした活動に初参加という人が多数居なければ、計算上あり得ない数字が出ているためです。

例えば3ｒｄライブの収容人数5千人から4ｔｈライブの収容人数2万2千人へと拡大し、かつ4ｔｈライブに落選者が続出したことを考えると、既存のライブ経験者以上に新規のライブ参加者が多数流入したと考えるほうが自然です。しかも、4ｔｈライブは2日間行われていますからね。

このことから導き出せるのは、『ラブライブ！』によって「オーソリティ型」から「プレイヤー型」に変化した人が多数存在し、今まで参加しなかったライブやイベントに参加するようになったということです。

「オーソリティ型」というのは内向的でインドア派です。人との交流が生じるオフ会や、体を動かし声を出すライブなどは、どちらかと言えば敬遠する人が多数です。もちろん元々オタク同士のオフ会やオタクを対象にしたライブはありましたが、参加するのは全体の数からすれば少数派だったのです。

しかし、『ラブライブ！』をきっかけにオフ会やライブに参加したという方が多いということは、『ラブライブ！』をきっかけに外向的でアウトドア派に、つまり「プレイヤー型」

に変化したということです。

既存のアニメが行ってこなかった全国規模のファンミーティングツアー（声優のトーク&ライブイベント）が成功したのも、今までインドアでそうしたイベント事に出なかった新規層が、多数イベントに参加するようになったためと考えられます。

つまり、『ラブライブ！』というコンテンツは、多くの「オーソリティ型」の人間を「プレイヤー型」の人間に変えることに成功したコンテンツなのです。

では、『ラブライブ！』が何故そのようにファンを変えることに成功したのか。それを明らかにする前に、何故ラブライバーが他のコンテンツのファンに比べて特殊なのかを見ていく必要があります。

そのため、まずはオタクという人種について、社会心理学の分野から紐解いていきましょう。前章の視覚心理学と異なり、この社会心理学という分野は、一般に言う心理学により近い学問となります。つまり、オタクの心について触れていくことになります。

貴方も、そして著者自身も、決して目を逸らせないことが書いてあると思います。

ちなみに、この項目の補足ですが、竹むらの迷惑行為騒動から数日後に、著者も実際に竹むらに寄り、店員の方に話を伺ってみました。すると、「少し気になるところもあったが、ネットメディアが取り上げるほどの迷惑行為ではなかった」といった反応が返ってきました。そのため、ラブライバーについて扱うメディアが、やや偏向的であることはやはり否めないと感じます。

社会心理学から学ぶ「オタク」

この項目から連続して「オタクの心について」→「ラブライバーの心について」→「公式のオタクへの仕掛けについて」と話が進んでいきます。

まず最初に断っておきたいのは、あくまでオタク全体の内で一定数見られるタイプのオタクについての話が進んでいきますので、もちろんこれから先の話に当てはまらない人も居ると思います。その点だけ、何卒ご了承ください。

さて、まずはこの項目で、オタクという人々の心を見ていきましょう。

前の項目でも述べたように、オタクというのは一般的に内向的で、「オーソリティ型」に分類されます。こうした人々は、日常的にどういった心の動きをしているのでしょうか。

『なぜ人は他者が気になるのか？』（永房典之編著）では、人間には「所属の欲求」というものがあると書かれています。

人間は社会性の生き物で、社会を構成する集団に所属したいという欲求を持っています。個々の戦闘能力が他の肉食動物に劣っていた人類が、ここまで繁栄を極めたのは社会性という独自の性質があったためであり、その遺伝子が受け継がれて、我々は社会性を持ち、集団への所属欲求を抱いて生きているのです。

人の社会的な行動の基本は、この集団への所属欲求だとされています。

同じく同著にて、人は「社会的排斥」を恐れるとされています。

社会的排斥とは、社会を構成する集団にうまく溶け込めず、その集団からの評価が得られず、社会から排斥されることを指します。人間の根源的欲求が集団への所属欲求だと考えると、この社会的排斥は、人間がもっとも恐れることのひとつだと言えます。

バウマイスターとタイスという心理学者曰く、排斥の条件は3つあります。1つ目は、「集団の存続や福祉に貢献できないこと」。2つ目は、「協調性や道徳性の欠如」。3つ目は、「魅力の欠如」です。

さて、先にも述べたとおり、オタクの多くは内向型の生き物です。内向型ということは、ユングの言葉を借りれば「心的エネルギー」が内側に向いているということです。つまり、心のエネルギーを外側、つまり他者に向けない人のことを指します。

エネルギーを他者に向けない場合、集団の存続や福祉に貢献することができません。また、他者と足並みを揃えるというエネルギーを使う協調性にも欠けます。そして、他者から良く見られるためにオシャレをするというような、自身の魅力を上げる行為に割くエネルギーも少ない傾向にあります。

そのため、いわゆるオタクとは、言ってしまえば社会的排斥に遭いやすい人物なのです。加えて、社会的排斥に遭えばさらに内向的になり、心的エネルギーをさらに内側に向けるようになり、さらに集団への帰属から遠のく……という、悪循環に陥る可能性もあります。

人という生き物は、失敗という経験を繰りかえすと自分はその分野で成功できない、頑張っても仕方がないというようなネガティブな学習をしてしまいます。これが顕著になると、「学習性無気力感」に苛まれてしまいます。生物は報酬や罰に適応して学習する「オペラント条件付け」で知られるマーティン・セリグマンらが、動物実験の観察を元にこの「学習性無気力感」という概念を提唱しました。

これは一般的な集団への所属意識にも同様に見受けられ、一般的な集団（プレイヤー型の集団）への所属の失敗および集団からの社会的排斥が繰りかえされると、あるいは一回でもその社会的排斥がトラウマレベルのものであると、一般的な社会的集団に所属するのは不可能であると学習してしまうのです。このタイプの「学習性無気力感」を、オタクの人が抱いているケースは少なくないと思われます。

しかし、仮に一般的な集団への所属に「学習性無気力感」を感じたとしても、人間の根源的な欲求である「所属の欲求」は消えません。では、一般的な集団への所属に抵抗のある人達は、所属の欲求をどこに向けるのでしょうか。

答えとしては、「同じように一般的な集団に所属できない人達で集まる」という選択があります。つまり、プレイヤー型の集団に所属しようとするのではなく、オーソリティ型の集団に所属しようとするのです。

現代ではインターネットの発達により、匿名か半匿名で集団を形成することが出来るようになりました。それがネット掲示板であれ動画サイトであれSNSであれ、その空間を共有していればそれが集団であり、その空間に居れば集団への所属になります。

つまり、現代ではインターネットで「所属の欲求」を満たすことが出来るのです。

少し話は変わりますが、人は社会的排斥への防衛本能を持ち合わせています。「集団から排除されないよう、最低限の節度は守ろう」というこの価値観を、恥を感じる心、「羞恥心」と呼びます。

この羞恥心は、一般に中間的な距離の他者に一番抱きやすく、親密な他者と見知らぬ他

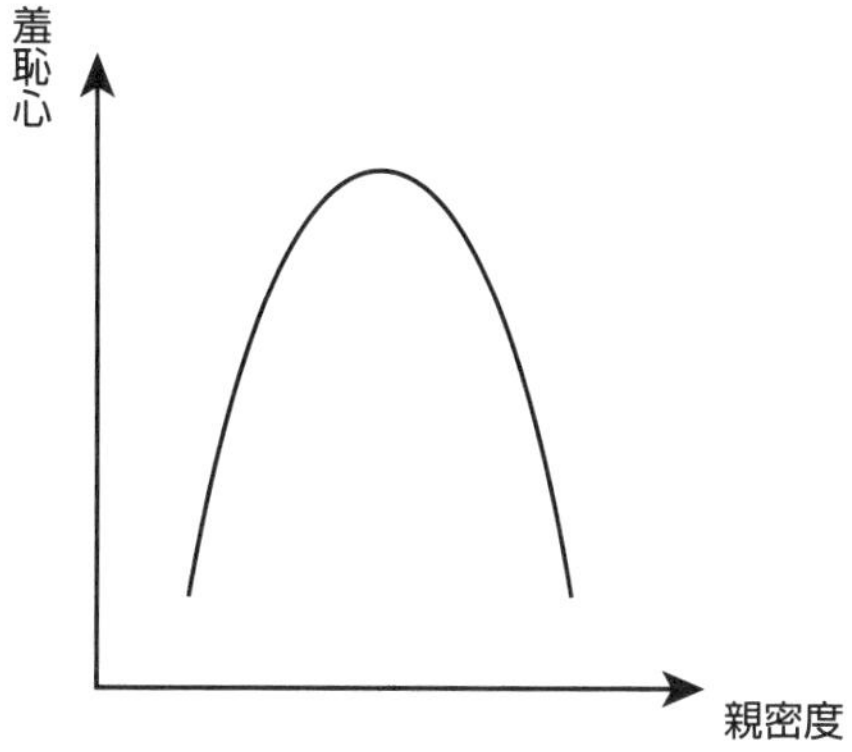

者には抱きにくい傾向にあります。つまり、親密度を横軸、羞恥心の抱きやすさを縦軸に取った場合、上の図のようにグラフは逆U字型を描くことになります。
このグラフが描く曲線を、『なぜ人は他者が気になるのか？』では「恥の逆U字曲線」と呼んでいます。
つまり、親密であるほど、またいわゆる知人レベルの関係から離れれば離れるほど、恥の概念を抱く必要がなく、伸び伸びと接することができるのです。
ここで、先ほどのインターネットにおける集団の所属に注目します。インターネットにおける他者とは、限りなく親密度の低い関係にあります。その上、自らの情報をそこまで提示しなくてすむため、恥の概念が発生すること自体が少ないのです。つまり、インターネットにおける集団は、羞恥心を抱く必要のない集団と言えるのです。要するに、「ラクな関係」なのですね。

そして、一度その空間が心地よいと感じると、人はその空間から出ることを恐れます。人間の心的領域には「コンフォートゾーン」というものがあります。コンフォートゾーンとは、自分がラクだと感じる範囲のこと。つまり、「ラクな関係」でいられる空間がコンフォートゾーンとなります。

このコンフォートゾーンから外に出ることは、非常に困難となります。例えばネット依存症の人がネット断ちをしようとしても、数日経てばまた居心地の良いインターネットに戻ってきてしまうというケースがあります。

この理由は、人には心的・肉体的環境を一定の状態に保とうとする「ホメオスタシス」という機能があるためです。

例えば、高熱が出ても最終的に平熱に戻るのは、体温を元の状態に保とうとするホメオスタシスが働くためです。

このホメオスタシスにより、人はコンフォートゾーンの内部に留まろうとするのです。「ラクな関係」でいられる空間があり、その環境外に出ることを恐れ、環境内にいることを保とうとする。そうした心の機能が、人間にはあるのです。

加えて、オタクは一般的な社会的集団に所属することに「学習性無気力感」を抱いているケースが少なくありません。この「学習性無気力感」と「ホメオスタシス」の相乗効果により、多くのオタクは社会的集団への所属を諦めてしまうのです。

そして、集団への所属欲求の発散場所が、インターネットおよびアニメコンテンツ等の架空の世界となるのです。

ここまでの流れは、ご理解頂けたでしょうか。専門的な用語が並びましたので、以下に改めてまとめておきます。

・所属の欲求……社会を構成する集団に所属したいという欲求のこと。
・社会的排斥……社会的な集団から追い出されること。
・学習性無気力感……対象を不可能だと感じるネガティブな学習のこと。
・恥のU字曲線……羞恥心の抱きやすさと親密性による逆U字型の曲線のこと。
・コンフォートゾーン……人間が心的にラクだと感じる範囲のこと。
・ホメオスタシス……人間の環境を一定に保とうとする機能のこと。

これら全てが密に関わることにより、オタクの多くは一般の社会的集団に所属することを、半ば敬遠した状態にあるのです。

インターネットという便利でラクなものがあるからこそ、気を抜くとそのラクなものに縋《すが》ってしまうという現代は、なかなか難儀な時代でもあります。

そう考えると、本章のはじめに述べた「オタクを部屋の外に出すこと」、すなわちオタクを「オーソリティ型」から「プレイヤー型」に変えることなんて、到底不可能に感じるのではないでしょうか。

しかし、再三繰り返すように、『ラブライブ!』が架空の世界だけにとどまらず社会現象にまでなったのは、この到底不可能に感じることをやってのけたためです。

では、どのようにしてそれを成し遂げたのか。それには、人間という社会的な生き物に存在するもうひとつの欲求。「承認欲求」が関係してきます。

次の項目で、その「承認欲求」と『ラブライブ!』について見ていきましょう。

「承認欲求」

皆さんは、「承認欲求」という言葉をご存知でしょうか。

承認欲求とは、「人から認められたい！」と思う気持ちのことです。人からの評価や社会的な地位を求めようとするのは、この承認欲求が大きな理由となっています。

アブラハム・マズローという心理学者は、人間の欲求を五段階に分け、人間はその段階順に欲求を満たそうとするという「欲求五段階説」を提唱しました。

マズロー曰く、次の図におけるピラミッドの低いところから順番に、人は欲求を満たそうとします。

第一段階の「生理的欲求」は、生きていくための本能的な欲求です。「食べたい」「寝たい」といった欲求で、この欲求が満たされないと死の危機に瀕することになります。この欲求が満たされると、次の「安全欲求」を求めます。

「安全欲求」は、健康であることや家に住むことなど、「安全で安心な暮らしがしたい」

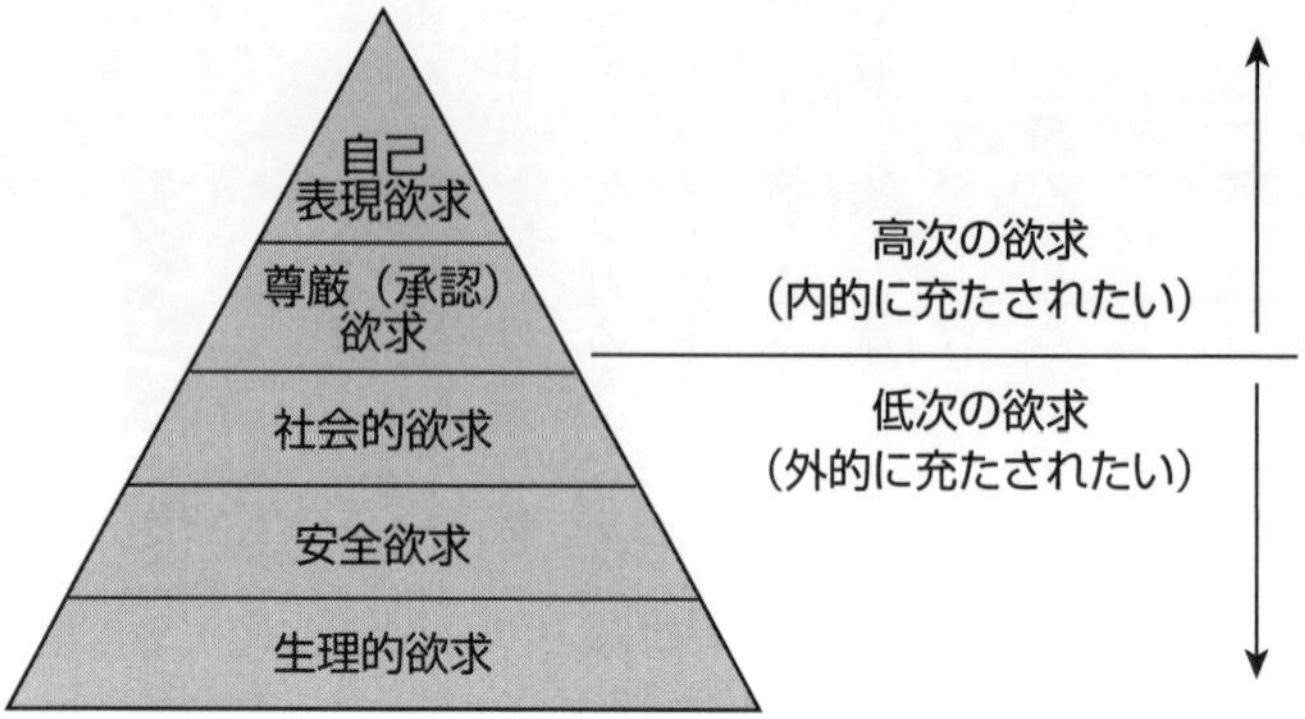

という欲求です。生命的な危機を回避し、安全に生きることを欲します。「安全欲求」が満たされると、次の「社会的欲求」を求めます。
「社会的欲求」は、集団に属したり仲間を手に入れたりといった、社会的な集団に帰属する欲求です。この欲求が、ひとつ前の項目でお書きした「所属の欲求」と同義となります。この欲求が満たされないと、人間は社会的な不安感や孤独感を抱くようになります。
ここまでの基礎的な欲求が満たされると、次の「尊厳欲求」を求め始めます。この尊厳欲求が、承認欲求と同義となります。つまり、「人から認められたい！」という欲求を持ち始めるのです。
そして、ここまで満たされると「自己実現欲求」という欲求が生まれます。自分の感じたことや思っていること、夢や目標を追求し、それを表現したり実現したいという欲求です。

生命の維持に必要な生理的欲求から、夢を実現する自己実現欲求まで、人はこの五段階の欲求を充足させようとする心の動きがあるのです。

もちろん、人間というのは社会的な生き物なので、「人から認められたい！」という承認欲求もまた、人間の根源的な欲求のひとつです。

しかし、現代の社会において、人はこうした欲求が抑圧されている状態にあります。

「なるべく目立たないようにしよう」

「出る杭は打たれるから」

「大人しく平和に生きていければいいや」

こうした言葉を、よく耳にします。

同調性の強い日本という国では、集団から外れると社会的排斥に遭いやすくなります。つまり、目立つということを恥と考えるようになり、それを回避しようとするようになるのです。

こうした理由から、特に第四段階の承認欲求（尊厳欲求）と第五段階の自己実現欲求を他者に晒すことは恥であると考え、自分の心の奥底に閉じ込めてしまうのです。

そのため、現代の若者は強い欲求をもたない「さとり世代」と呼ばれるようになったのですね。

一方、多くの人は、第一段階の生理的欲求と第二段階の安全欲求は満たされている状態にあります。日本国憲法第25条でも生存権が尊重されているように、少なくとも衣食住の安全は保障されていると言ってもいいでしょう。

そして、第三段階の社会的欲求は、満たされている人と満たされていない人がいます。一般的なオタクは、この欲求が満たされていない傾向にあります。

ここまでをまとめると、マズローの五段階欲求のうち、第一段階と第二段階は多くの人が満たされており、第三段階は満たされている人と満たされていない人に分かれ、第四段階と第五段階は多くの人が満たされていないということになります。

さて。お待たせしました、ここでようやく『ラブライブ!』の話に戻ります。

このマズローの「欲求五段階説」という視点からアニメ『ラブライブ!』のストーリー構成を見てみると、とても面白いことに気が付きます。

まず、第一段階の生理的欲求は、「μ's」メンバーの皆が満たされている状態にあります。特に、主人公である穂乃果はよく食べよく眠る様子が描かれており、生理的欲求が満たされている象徴とも言えます。

次に、アニメ第1期第1話の冒頭1分12秒間で、安全欲求と社会的欲求が脅かされます。そう、学生にとっての第二の生活場所であり、社会的な所属場所である学校が廃校になるという騒動です。

「廃校を回避するために」スクールアイドルをやろうというのは、アニメ第1期におけるひとつのテーマでした。この「廃校を回避するために」というのは、安全欲求と社会的欲求を満たそうとする心の動きだと言えるのです。

しかし、アニメ『ラブライブ！』は、マズローの欲求の第三段階で完結する話ではありません。

『ラブライブ！』全体のテーマを、皆さんは覚えているでしょうか。そう、「みんなで叶える物語」です。そしてキャッチコピーのひとつには、「叶え！　私たちの夢――」があります。

この「叶える」「夢」というワードは、マズローの五段階欲求のどこに当てはまるでしょうか。答えは、第五段階の自己実現欲求ですね。

つまり、アニメ『ラブライブ！』は、冒頭の1分12秒間で安全欲求と社会的欲求に対する課題を提示しておきながら、根本では自己実現欲求に対する課題を提示するストーリーだったのです。

そう考えると、アニメ第1期第1話の副題である「叶え！　私たちの夢――」から、「このアニメは自己実現のストーリーです！」といったメッセージが伝わってくるのではないでしょうか。

一般的に、私達アニメの視聴者は、視聴を繰りかえすごとに登場人物への共感度を高めていきます。逆に、共感できないと感じた時点で、視聴を止めることが多くなります。

つまり、アニメ『ラブライブ！』を見ていくうちに、「μ's」のメンバーに対し共感を覚えていくことになるのです。共感を覚えるからこそ、第1期第13話のライブや第2期第9話のライブ、第11話の解散宣言などで、涙を流す視聴者が多いのですね。

さて、アニメの視聴により「μ's」への共感を高めていくことで、私達の心にはひとつの大きな変化が生まれます。

私達視聴者は、「μ's」がマズローの五段階欲求をひとつひとつ満たしていく様子を、視聴を通して追体験していくことになります。

まずアニメ第1期の終盤で廃校は撤回され、安全欲求と社会的欲求が満たされます。その後、第1期最終話のライブが成功し、第2期では「ラブライブ！」の優勝を掲げた「μ's」の夢が叶い、「μ's」の承認欲求と自己実現欲求が満たされます。

このように「μ's」メンバーの五段階欲求が満たされていく様子を追体験することで、「μ

's」に共感している視聴者の心には、ある大きな変化が生まれます。

抑圧された自身の承認欲求と自己実現欲求に、向き合うことになるのです。

「μ's」メンバーは、発起人である穂乃果のリードのもと、各々の承認欲求と自己実現欲求に向き合い、大きな成果を出しました。

アニメ第2期第12話における園田海未の台詞が、抑圧されていた承認欲求と自己実現欲求の解放の、象徴的な言葉となっています。

「楽しみですよね。もうすっかりクセになりました。たくさんの人の前で歌う楽しさが」

規範から外れることを恥と感じ、最初はスクールアイドル活動に反対していた園田海未は、このような言葉を言うまでに成長・変化しました。この変化こそが、園田海未が抑圧されていた承認欲求と自己実現欲求に向き合い、それを充足させたということの確固たる証拠なのです。

「μ's」がライブを成功させたとき。大会に優勝したとき。彼女達の成長を感じたとき。彼女達の笑顔を見たとき。皆さんの心の中には、このような気持ちが少しでも芽生えたのではないでしょうか。

「ああ、僕・私も『μ's』みたいになりたいな」

この気持ちを抱いた時点で、あなたは心の奥底に閉じ込められた承認欲求と自己実現欲求に、無意識的に向き合っていたのです。

また、『ラブライブ！』の特徴として、いわゆるオタクだけでなく、俗にいう不良と呼ばれる人にも好かれるというものがあります。

恐らく、彼らもまた社会的排斥に遭ったうえで承認欲求と自己実現欲求が抑圧された人達であることから、自身の欲求を解放させてくれる『ラブライブ！』が好きになっていくのでしょうね。

加えて、ラブライバーの中には、缶バッジをいくつも身にまとって秋葉原などの街を歩く人達がいます。これは作品が好きだということをアピールすることが、彼ら流の自己実現欲求の充足なのだと考えられます。

このように、『ラブライブ！』関連で起こっている事象の多くは、この承認欲求と自己実現欲求という言葉で説明することができます。

映画版『ラブライブ！』の俗に言う絶叫上映回で、暴れたりイスを壊したりしてしまうのも。徹夜自慢や万引き自慢がＳＮＳで起こってしまうのも、すべて、抑圧された承認欲求と自己実現欲求が、一気に解放されたということに起因するのです。

巨大なダムが決壊すると途轍もない勢いで水が流れ出すように、日々の生活において抑圧された欲求が高ければ高い程、解放されたときの勢いが非常に強くなってしまうのです。

これが、ラブライバーが他のコンテンツのファンに比べて特殊である理由なのです。他のコンテンツより遥かに、ファンの欲求を解放することに秀でた作品が、『ラブライブ！』なのです。

「μ's」に共感し、「μ's」が5段階の欲求をすべて満たしていく過程を追体験することで、自身の抑圧された欲求と向き合う。ここまでは、非常に素晴らしいことです。

しかし一部の、割合としては他のコンテンツよりも多い一部のファンは、濁流のように溢れ出た欲求を満たそうとし、迷惑行為や犯罪行為に走ってしまったのです。

ラブライバーが特殊であるという背景には、抑圧された承認欲求と自己実現欲求の解放というカラクリがあったのです。

また、『ラブライブ！』のファン同士で集まってグループを作ったりオフ会を開いたりすることで、マズローの第3段階の欲求である社会的欲求、つまり所属の欲求を満たすことも可能になります。

もちろん、この『ラブライブ！』のカラクリにより一部の人は悪い行動に走ってしまいますが、自身の欲求を充足させてくれるという点において、この作品はとても魅力的で称賛されるべき作品であると強く主張したいです。

他でもない著者自身も、無意識に抑圧していた欲求に『ラブライブ！』を通して向き合い、夢や目標への一歩を踏み出すことが出来ました。だからこそ、この作品には非常に感謝しています。

さて、ここまで社会心理学を交えて、ラブライバーの数がここまで広がり社会現象となった理由をお伝えしました。

ただし、社会現象となるには、もうひとつの条件があります。それは、お金が動くということです。

それでは、なぜ『ラブライブ！』はここまでお金の動きを生じさせることに成功したのでしょうか。マーケティングの観点から、次の項で明らかにしたいと思います。

マーケティングから学ぶ「5年間の壮大な仕掛け」

「世の中の『2種類の人間』」の項目で書いたように、世の中には「オーソリティ型」と「プレイヤー型」の人間がいます。そして、従来のオタクは「オーソリティ型」だったのに対し、ライブやイベントやオフ会等に参加するラブライバーは、「プレイヤー型」に分類することが出来ます。

そして、「プレイヤー型」は商品の購入に加えて対外活動が盛んとなるため、「オーソリティ型」よりもお金を使う額が多くなると推測できます。

つまり、『ラブライブ！』が社会現象と呼ばれるほどに絶大なお金の動きを生じさせたのは、やはり「オーソリティ型」の人間を「プレイヤー型」に変えたことが大きな理由となるのです。

では、なぜ「オーソリティ型」の人間が「プレイヤー型」の人間に変わることができたのでしょうか。

ひとつの理由は、前の項で述べた抑圧された承認欲求と自己実現欲求の解放です。そしてもうひとつは、ファンを内向型から外向型に変えるための、5年間にわたる壮大な仕掛けが理由です。


先述のとおり人間には「ホメオスタシス」という、恒常性を維持しようとする機能があります。そのため、「外向的になろう！」「夢や目標を追求しよう！」と思っても、何日か経てば元通りになってしまうケースが多いのです。

この「ホメオスタシス」というものを抑え、人が成長・変化するためには、とある工夫が必要となります。それは、ちょっとずつ変化していくということです。

いきなり十メートルの壁を上ろうとしても、壁を見上げた時点で不可能だと判断しますよね。しかし、壁のてっぺんまで階段を設置したら、一段一段のぼっていくことが可能になると思います。

このように、大きな変化を起こすために小さな変化を重ねていくこと、壁を上るために階段を歩いていくことを「ベイビーステップ」と呼びます。赤ちゃんの歩みのように、小さな一歩のことをこう呼ぶのですね。

この「ベイビーステップ」を、『ラブライブ！』というコンテンツは5年という歳月をかけて、少しずつ少しずつ設けていったのです。

例えば先の心理学の観点からいえば、マズローの五段階欲求を「μ's」メンバーにひとつずつ満たさせていくことも、ベイビーステップのひとつになります。いきなり第五段階の自己実現欲求をキャラクターに満たさせるのは、話が飛躍しすぎますからね。

そこで、各段階に課題を生じさせ、その課題を突破し欲求を満たさせていくというステップをストーリー上に設けたのです。つまり、「μ's」メンバーも私達視聴者も、欲求を満たしていくためのステップを踏んでいったということですね。

さて、このベイビーステップの機会は、お金の動きを生じさせる方面、つまりマーケティングの方面でも設けられるようになりました。

皆さんは「ダイレクト・レスポンス・マーケティング（DRM）」という言葉を耳にしたことがあるでしょうか。

ダイレクト・レスポンス・マーケティング（以下DRM）は、ものやサービスを売るためのマーケティング手法のひとつです。

一般に、「集客→教育→販売」という3つのステップを経ることで、ものやサービスを効果的に売る手法になります。以前は「集客→お客さんへの対応（レスポンス）→販売」というステップがメインでしたが、今は「集客→教育→販売」が広義的な流れとして認識されています。

集客とは、文字通りお客さんを集めることを指します。教育とは、集まったお客さんにコンテンツの魅力を示し、コンテンツをさらに好きになってもらうことを指します。そして販売とは、有料でものやサービスを売ることを指します。

このDRMのしくみを説明するために、ひとつ例を示します。

皆さんは、中身が何か分からない3千円の箱を買いたいと思うでしょうか。もちろん、大半の方は「NO」だと思います。

しかし、箱の中身がとても面白いゲームだったとして、実際にそれを途中までタダでプレイできたら、恐らく「買いたいな」と思う人も出てくるのではないでしょうか。

これがDRMのしくみです。お客さんを箱の前に集めて、いきなり売るのではなく、実際に遊んでみる過程を通して販売する。こうすることで、箱の売上はグッと上がるのです。

特に、集客および教育は無料でおこなうことが主流となりました（これを「フリー戦略」と呼びます）。例えばデパートの試食やゲームの体験コーナー、生活用品やサプリメントのお試しキャンペーン、塾やレッスンの無料体験などは、すべてこのDRMの手法を取り入れたものなのです。

そう考えると、基本無料のソーシャルゲームは、誰でも無料でプレイできることから、集客と教育が無料のDRMのひとつと言えますね。そしてそのコンテンツが好きになり、強いカードが欲しかったりデッキの枠を広げたりしたくなったら、課金をして有料のアイテム（多くは石と呼ばれるもの）を手に入れるのです。

スクフェスも、その例のひとつですね。

最初は無課金でプレイし、スコアマッチで「勝てない！」となったり新しいカードが出て「あのカードが欲しい！」となることで、徐々に課金欲が強まっていくのです。

つまり、無料で楽しめるものをガンガン取り入れ、お客さんにそれを好きにさせた上で販売をおこなうコンテンツは、すべてこのＤＲＭの手法に則っているということです。

ちなみにこのＤＲＭは、神田昌典さんという方がアメリカでのＤＲＭを元に4千以上の会社の経営者に伝え、実践し、数多くの結果を残したという実績があるマーケティング手法です。

その後は多くの企業に加速度的に広まっていったのですが、当時はＤＲＭが革新的な手法だったことを考えると、とても腑に落ちる流れですね。

そんなわけで、ＤＲＭの手法は今では多くの業界に取り入れられています。オタク業界も、もちろん例外ではありません。

では、なぜ多くのオタクコンテンツがＤＲＭの手法を取り入れているなか、『ラブライブ！』が頭ひとつ突出した成果を出せたのでしょうか。

それは、本章の「ラブライバー」の項目でもお書きしたように、『ラブライブ！』が多くの「オーソリティ型（内向型）」の人間を「プレイヤー型（外向型）」の人間に変えることに成功したコンテンツであるためです。

この変化は、ＤＲＭで言う教育のフェーズで起こっています。

それでは、その『ラブライブ！』型ＤＲＭについて、詳しく掘り下げてみましょう。

『ラブライブ!』というコンテンツでひとつ顕著なのは、Pileさんのインタビュー記事にあるように、やはり二次元と三次元の相乗効果です。

ファンを二次元と三次元の間で行き来させることで、しかもタイミングよく二次元と三次元のコンテンツを展開することで、二次元の「μ's」ファンに「三次元の『μ's』に会いたい!」と思わせることができるのです。

つまり、タイミング良く二次元コンテンツと三次元コンテンツを展開していくのが、『ラブライブ!』流のDRMとなります。

具体的に見ていきましょう。まずは、ニコニコ生放送とアニメ本編についてです。

2013年2月24日、アニメ第1期の第8話放送の直前に行われた、声優がパーソナリティを務めるニコニコ生放送でのことです。放送の途中の曲を流すコーナーで、1stシングルの「僕らのLIVE　君とのLIFE」のPVが流れました。

そして、この生放送の直後に放送されたアニメ第8話では、「μ's」の9人がそろった初めてのライブで、アニメ版の「僕らのLIVE　君とのLIFE」が披露されたのです。

つまり、声優がパーソナリティを担当するニコニコ生放送と、二次元のみに集約されたアニメという2つのコンテンツで、「僕らのLIVE　君とのLIFE」を楽しむことが出来たということです。

これは、『ラブライブ！』におけるコンテンツ間の相乗効果の代表的な例と言えますね。

さらに、2ndシングルの「Snow halation」では、もはや芸術的とも言える相乗効果が生まれました。

第1章の「楽曲・ライブについて」という項目でも触れたように、2ndシングルの「Snow halation」のアニメーション映像では、最後のサビの出だしに街灯の色が白からオレンジへと変わります。

この白からオレンジへの色の変化を、ライブ中にサイリウムで再現したファンがおり、ライブを重ねるごとにその取り組みが広がっていった、というエピソードをお書きしました。

そしてさらに、アニメ第2期の第9話にて、東京のミレナリオや神戸のルミナリエを彷彿とさせるアーチ状のステージ装飾が、ラストのサビに合わせて白一色からオレンジ一色に変化しました。

この白→オレンジという演出が、2ndシングルでの作り手による演出から、ライブでのファンによる演出へと受け継がれ、さらにアニメ第2期で作り手の演出のもと復活を果たしたのです。

そして、まだ終わりではありません。第2期第9話を放送した直後のこと。公式が、とある動画を無料で公開しました。

覚えていますでしょうか。さいたまスーパーアリーナで行われた4thライブの「Snowhalation」の映像を、YouTubeとニコニコ動画にて公開したのです。2ndシングルから1st～4thライブへと受け継がれた「Snowhalation」の演出は、アニメ第2期で復活を果たし、その日の夜に、ファンによる演出の結晶が公開されたのです。

ここに、二次元と三次元の究極の相乗効果があります。アニメの「μ's」と声優の「μ's」とファンによる「Snowhalation」が、二次元と三次元の驚異的なシンクロを生み出した瞬間でした。

この日の「Snowhalation」を見て、

「4thライブのBDを買いたい！」

「次のライブは絶対に行きたい！」

「僕・私もあの一体感を体験したい！」

という気持ちを、多くの方が抱いたはずです。

ここまで完全なるダイレクト・レスポンス・マーケティングを、筆者は見たことがありません。

タイミングを合わせたコンテンツ展開がもたらす、二次元と三次元の相乗効果。その相乗効果によるダイレクト・レスポンス・マーケティング、そして抑圧された承認欲求・自己実現欲求の解放。

いわば、これが『ラブライブ!』のもたらした革命的な手法であり、『ラブライブ!』が社会現象となった理由なのです。

二次元と三次元の間で反射するように『ラブライブ!』のコンテンツに触れているうちに、「僕・私も行ってみたい!」と思ってしまう。そんな魅力が、このコンテンツには詰まっているのですね。

自分も参加したいと思った段階で、あなたは既に、内向型から外向型への変化の、小さな一歩(ベイビーステップ)を踏み出していたのです。

まるで、最初はバラバラだった「μ's」のメンバーが、ひとつのスクールアイドルに変わっていったように。

多くのオタクが、『ラブライブ!』を通して部屋の外に出るようになり、一丸となってコンテンツを盛り上げていったのです。

多くの人に影響を与え、変化をもたらした最高のコンテンツに、いま一度敬意を表したいと思います。

さて、第3章では『ラブライブ!』とラブライバーについて、社会心理学やマーケティングという側面から、社会現象となった理由を追究しました。この第3章「『ラブライブ!』はなぜ社会現象になったのか」が、本書におけるメインの考察項目です。

そのため、次の第4章および第5章は、言ってしまえばエキストラステージのようなものです。少し肩の力を抜きつつ、気軽に読み進めてもらえれば幸いです。

第4章では、今までのコンテンツ展開と第3章までを踏まえて、今後の『ラブライブ!』の展開を予測していきます。

第5章では、曲名に象徴されるキーワードから、『ラブライブ!』というコンテンツについての総括を行っていきます。

それでは、今しばらくお付き合いくださいませ!

Column

スーツでオフ会に向かったW氏

著者の知人に、W氏という人物が居ます。彼は職業柄多くの社長や経営者と面識があり、それでいて気取った振る舞いもせず、著者のような変人にも分け隔てなく接してくださる素晴らしい人物です。（しかも、もの凄く爽やかなイケメン）

そんな彼にも、例のごとく『ラブライブ！』を勧めてみました。とても興味を持ってくれた上で、どちらかというとコンテンツ自体よりもコンテンツのファンのほうに興味を示したようです。

「烏丸さん、この前オフ会に行ってきましたよ！」

彼の勤める会社の来客室にて、予想だにしない話題が飛び出しました。

いわゆるラブライバーを生で一目見たかったらしく、キャラクターの一人を研究し、そのキャラの推しという体で参加したようです。ちなみに、そのキャラはどうやら小泉花陽のようです。見た目が気に入ったみたいですね。

仕事の用事から直でオフ会に向かったためか、彼はスーツでオフ会へと参加。迎え撃つは、キャラクターTシャツや有志で作った法被を着たラブライバー達。

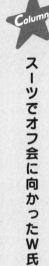

「会場、間違えてませんか？」

彼がそう言われたのも、無理もありません。

結果的に、ラブライバー達の熱い想いの聞き手にまわるという形で、W氏もオフ会を満喫することが出来たようです。

そんなわけで、『ラブライブ！』というコンテンツは今や一般人にも浸透しつつあります。もし『ラブライブ！』のオフ会でスーツ姿のイケメンを発見したら、それはもしかするとW氏かもしれませんね。

話は少し変わりまして、著者が学生時代からバイト・仕事としてお世話になっている、家庭教師のチームがあります。

この家庭教師のチームを作ったのが60歳近い男性の方なのですが、本書出版の旨を彼に伝えたところ、このように返ってきました。

「『ラブライブ！』ってあれやろ？　廃校になった学校を救うために……」

と、『ラブライブ！』についてご存知でした。どうやら教え子から『ラブライブ！』について耳にしていたようです。

今や、私達が想像する以上に一般の人々に浸透している『ラブライブ！』。その認知度の広さを、著者は日々実感する次第であります。

第4章

これからの『ラブライブ！』

——羽を受け取ったのは

空から舞い降りた羽

第1章にて、劇場版『ラブライブ！』は終わらせる物語だとお書きしました。その終わりを象徴するのが、鳥と翼（羽）です。

第1期の「START：DASH!!」と第2期のエンディングにおいて、鳥の羽というのが共通のキーワードとして存在します。私達は、いつか空に羽ばたこうとしている産毛《うぶげ》の小鳥であると。空から舞い降りた羽を受け取って、空へ飛ぼうとしているのだと。

この空へ飛ぼうとする過程というのが、スクールアイドルとして輝こうとする過程であり、夢を叶えようとする過程を指しています。第3章でお書きした自己実現というものを行うため、必死に夢に向かって羽ばたこうとしているのですね。

そして、劇場版『ラブライブ！』の「Future style」にて、9羽の鳥が空へと羽ばたく描写が描かれました。この9羽というのは、言わずもがな「μ's」の9人を指し示しています。

そして、ラストの「僕たちはひとつの光」が流れるエンディングでは、舞い降りた羽を誰も受け取りませんでした。第2期のエンディングで「μ's」メンバーが受け取っていた羽は、もう9人の誰も受け取ることはなかったのです。

また、「START：DASH!!」の歌詞と「僕たちはひとつの光」の歌詞は一部呼応しています。翼がついに大きくなって旅立つ時が、まさに劇場版『ラブライブ！』によってもたらされたのですね。

「ついに」というのはとても絶妙な言いまわしで、「やがて」とか「とうとう」ではなく、「ついに」その時が来てしまったのです。「ついに」は、漢字で「終に」と書きます。

そして、「僕たちはひとつの光」と「Future style」が収録されたCDの裏面には、澄み渡った青空が描かれています。まるで、鳥達が飛び立ったあとの空のように感じられます。

これらのことから分かるように、「μ's」は羽を手に入れ、大空へと飛び立ったのでした。そう、私達の手の届かない、はるか遠くの大空へ。

これこそが、『ラブライブ！』の究極の終わりなのです。終わらせる物語というのがどういったものなのか、改めて実感して頂けたでしょうか。

しかし、劇場版で「μ's」の物語が終わりを迎えたとしても、『ラブライブ！』というコンテンツ自体は、果たして終わりを迎えたのでしょうか？

答えは、否です。劇場版のエンディングでメンバーが受け取らなかった羽は、メンバーではない他の誰かが受け取ることになるはずです。何故なら、「μ's」は大空へと飛び立ち、羽を受け取る側から与える側へと変わったからです。

それでは、羽を受け取るのは一体誰なのでしょうか？　それとももう誰かが受け取っているのでしょうか？　今後のコンテンツ展開と共に、この章を通して考えてみましょう。

『ラブライブ！』はまだ終わっていない！

劇場版『ラブライブ！』が終わらせる物語であり、いかに綺麗な形で「μ's」の旅立ちを描いたとしても、それは、アニメ版『ラブライブ！』の終わりでしかありません。

実際のところ、アニメ版以外の『ラブライブ！』では、まだ「μ's」を中心としたコンテンツに動きがあります。

メンバーが日記形式で日々の体験を綴る「School idol diary

（通称ＳＩＤ）」は、新章に突入し、まだ展開している最中です。

『ラブライブ！Ｓｃｈｏｏｌ　ｉｄｏｌ　ｄｉａｒｙ～春色バレンタイン☆～』という作品は発売が延期となっており、今後の発売および以降のＳＩＤの展開が見込まれます。

さらに、漫画版の『ラブライブ！』もまだ２０１５年８月時点で完結はしておらず、これからの展開が見込めます。

とはいえ、「Ｇ'ｓマガジン」では過去に漫画版の『Ｓｔｒａｗｂｅｒｒｙ　Ｐａｎｉｃ！』が打ち切りとなっている例もあるため、確実に出るとは言いきれないのが現状ではあります。

また、『ラブライブ！』の６ｔｈライブは２０１６年の冬と告知されているため、ライブはこれから少なくとも一つは開催されます。

加えて、声優によるニコニコ生放送は２０１５年の８月で最終回を迎え、ラジオ「のぞえりＲａｄｉｏ　Ｇａｒｄｅｎ」は９月に終了することが告知されましたが、「ラブライブ！μ'ｓ広報部～にこりんぱな～」は、９月時点でまだ継続されています。

このように、アニメ本編は劇場版で完結したと言えますが、各メディアにおける『ラブライブ！』のコンテンツはこれからも展開していくことが予測できます。

とはいえ、とある根拠を元に考えると、恐らく「μ'ｓ」による『ラブライブ！』は

2016年、つまり来年をもって終了となる可能性が高いです。まずは、その根拠を見ていきましょう。

その根拠は、第3章の「ダイレクト・レスポンス・マーケティング」の説明でご紹介した神田昌典さんの、『2022――これから10年、活躍できる人の条件』という書籍に記載されています。

神田さん曰く、世の中に存在する全てのコンテンツは、導入期・成長期・成熟期という段階を通り、ひとつのサイクルを構成するそうです。

導入期は、コンテンツの立ち上がりのためゆっくりと成長していきます。成長期は伸び率が大幅に上がり、急速に成長と発展を遂げます。成熟期は再び伸びがゆっくりとなり、ひとつのコンテンツのサイクルにおける終盤となります。

また、導入期・成長期・成熟期はそれぞれ同じ期間設けられているとされています。つまり、導入期が2年間であれば成長期と成熟期も同様に2年間となり、コンテンツ全体のサイクルは6年間となります。

さて、この導入期・成長期・成熟期というひとつのサイクルですが、これを『ラブライブ!』にも当てはめてみましょう。

導入期は、ユーザーからのフィードバックを得て、コンテンツを頻繁に改良していく時期となります。つまり、コンテンツ開始からアニメ化までの、2010年から2012年までがこの時期にあたります。

次に成長期は、伸び率がグンと上がる時期となります。つまり、ライブやCD発売、アニメ展開が行われた2012年から2014年までがこの時期に当たります。

そして成熟期は、ライバルが増え、新規製品が数多く発売される時期となります。つまり、アイドル系アニメが増え、CDを始め多くの劇場版関連の特典が打ち出された2014年、そして2015年がこの時期にあたります。

さて、ではこの成熟期は、果たしていつまで続くのでしょうか。

先ほどお書きしたように、導入期・成長期・成熟期はそれぞれ同じ期間です。『ラブライブ!』の場合は導入期が3年間（2010〜2012）。成長期が一年被って3年間（2012〜2014）となります。

そう考えると、成熟期は2014年から、2016年であると考えられます。つまり、『ラブライブ!』は2016年にて、ひとつのサイクルの終わりを迎えることになるのです。

サイクルの最後の局面で、コンテンツの運命は二つに分かれます。

新たなコンセプトの商品開発をせず、そのままコンテンツが終わりを迎えるか。

それとも、新たなコンセプトの商品を開発し、新たなコンテンツのサイクルに移行するか。

この二択を迫られることになります。

さて、『ラブライブ！』は2015年現在、新たなコンセプトのコンテンツを発表しました。皆さんは、それが何か分かるでしょうか？

そう、答えは『ラブライブ！　サンシャイン!!』です。

後出しジャンケンのようで恐縮ですが、著者はこの神田氏の書籍を読んだ2014年時点で、『ラブライブ！』のコンテンツの1サイクルを計算し、「来年（2015年）には新たなスクールアイドルが発表されるだろう」と踏んでいました。

その予測通り、2015年『ラブライブ！　サンシャイン!!』が発表され、投票で決定された「Aqours（アクア）」という名を冠する新たなスクールアイドルが打ち出されました。

このことから、2016年以降の『ラブライブ！』は「Aqours」を中心にコンテンツが展開していくことが予測できます。

「μ's」自体の展開は、心苦しいですが2016年を目途に少しずつ収束し、2017年には完全に「Aqours」が『ラブライブ！』の顔となっていると思われます。

そのため、声優陣による６ｔｈライブが、恐らく「μ's」単体で行う最後のライブになると思われます。７ｔｈライブは２０１７年に行われると予測できますが、こちらは「Ａｑｏｕｒｓ」がメインの合同ライブという形を取ることになるはずです。

いや、もしかしたら、７ｔｈライブの時点で「μ's」は――。

そこまで先のことまで見据えるのは、今のところ必要ないかもしれませんね。

もちろん、これらは既存のモデルを元にした予測に過ぎず、実際の展開とは大きく異なるかもしれません。あくまでひとつの展開予想として捉えて頂けると幸いです。

何にせよ、次のライブである６ｔｈライブが、様々な意味で要のライブとなりそうですね。


ちなみに、同じアイドル系アニメとして比較に挙がる『ＴＨＥ　ＩＤＯＬＭ＠ＳＴＥＲ』は、メインコンテンツが成熟期に入った段階で『アイドルマスター シンデレラガールズ』と『アイドルマスター ミリオンライブ！』を打ち出しました。

そう考えると、新たなコンセプトを打ち出して新しいサイクルに移行するという展開は、どのようなコンテンツでも直面する課題なのでしょうね。

また、『ＴＨＥ　ＩＤＯＬＭ＠ＳＴＥＲ』の3作品合同で行われた10ｔｈライブは、非常に盛大な盛り上がりを見せました。『ラブライブ！』でも同様に、2作品どちらのファンも楽しめるようなライブが行われることを、切に願います。

さて、これからのコンテンツの展開を予想した延長で、『ラブライブ！　サンシャイン!!』の展開も予想してみましょう。2015年8月現在で与えられた情報をもとに、主にストーリー展開について見ていきます。

動き出した新たな物語

2015年2月発売の「G'sマガジン」にて、砂浜に立つ一人の少女と、「助けて、ラブライブ！」という台詞の描かれたイラストが公開されました。これが、『ラブライブ！　サンシャイン!!』の初出となります。

この少女は、当初はスクフェスの転入生総選挙で1位となった支倉かさねだという予想がされていました。しかし、各キャラクターの発表時に名前が高海千歌であることが分かり、別人であるという結論に至りました。とはいえ、その類似点からキャラクターデザインを参考にしている部分はあると考えられます。

この初出のイラストから、舞台が静岡県の沼津近く、内浦という場所であることも判明しました。

また、9人のキャラクターが明らかになったのと同時期に、キャッチコピーと思われるフレーズが発表されました。

「夢を諦めないこと。アイドルから教わったの」

こちらがそのキャッチコピーです。この言葉から、高海千歌が「μ's」の活躍を見て夢を諦めないこと・夢を追うことを学んだ、と考えることが出来ます。

加えて、初出の言葉が「助けて、ラブライブ！」だったことから、『サンシャイン』のメンバーは何かしら危機的な状況にあるということも予測出来ました。

その後はキャスト陣の発表とメンバー名の募集が行われ、選考・決定と並行してストーリーの概要も公開されました。

「……その穂乃果的リーダーポジションの高海千歌は、μ'sに憧れて、スクールアイドルを目指すことになる高校2年生。いわばμ'sの妹分として、これから憧れのμ'sを目指して走って行く予定」

といった文章からも、高海千歌が「μ's」の活躍を見て憧れを抱き、スクールアイドルという夢を追い始めたことが分かります。

「岬の突端にあるみかん畑に囲まれた全校生徒百人に満たない浦の星女学院という小さな学校を盛り上げるため、スクールアイドルになる決意をしました――」

といった文章からは、千歌がスクールアイドルとして活動する理由が、穂乃果達と同様に学校のためであることが分かります。ただし、穂乃果達が廃校回避のためにスクールアイドルを始めたのに対し、千歌達の活動理由は廃校回避ではありません。

というのも、後に公開された9人のキャラ紹介兼インタビューの記事にて、松浦果南というメンバーが「私たちの通う浦の星女学院は、μ'sのいた音ノ木坂学院とは違って、もう廃校になることは完全に決定済みなんだけどな」と語っています。

そのため、「Ａｑｏｕｒｓ」の活動理由は廃校回避というわけではないことが分かります。各メンバーの詳細もありますが、ここまでが『サンシャイン』関連で明らかとなった事柄です。

ひとつ気になるのは、スクールアイドルを始めるきっかけが、ただ学校を盛り上げるためだけなのかという点です。

廃校回避というステップがないということは、第3章でご紹介したマズローの五段階欲求のうち、第三段階の社会的欲求までは満たされているということです。つまり、いきなり第四段階の承認欲求と、第五段階の自己実現欲求を追い求めることになるのです。

しかし、初出のフレーズ「助けて、ラブライブ！」やキャッチコピーの「夢を諦めないこと。アイドルから教わったの」という言葉から、やはり何らかの危機が彼女達に訪れていることが分かります。

それは廃校という危機ではなく、別の問題であることが予測できます。果たして、それはどのような問題なのでしょうか？

恐らくそれは、学校の廃校が決定済みという状況から考えて、作品の舞台となる町全体の問題なのではないでしょうか。例えば、町が別の市に合併されるといったような展開です。

作品の舞台に対応する実際の地域が神田・秋葉原ではなく静岡の内浦であることや、廃校が決定済みの百人以下の学校を抱えていることから、学校だけでなく町自体も規模は大きくないと考えられます。

そうした町の若者は大人になると都心に移住する者が多いため、町の人口が減少しており、とうとう別の市との合併案（事実上の吸収）が打ち出された……という背景があるのではないでしょうか。

そこで、廃校決定の学校はもう仕方がないけれど、風情ある町を守るために、学校を盛り上げ、町全体を盛り上げ、町を活性化させるには何か方法がないだろうか。

そう考えたときに、「スクールアイドルがあるじゃないか！」と。自分の住んでいた町が無くなるかもしれないという危機的状況において、「μ's」の活躍を目にしたからこそ、「助けて、ラブライブ！」となったのではないかと。そのように考えると、今までのピースが全て繋がったように感じられます。

このような状況であれば、町が無くなりかけることで安全欲求と社会的欲求が満たされなくなる状況にあるため、本家『ラブライブ！』と同様、五段階の欲求を順番に満たしていくストーリーを作ることができます。

同じような流れを汲む作品に、李相日監督作の『フラガール』があります。

この作品では、福島県いわき市の常磐炭鉱という場所が、大幅に縮小されるという危機が訪れます。その危機を回避するため、町おこしのために女性達がフラダンスを踊り、町を盛り上げるというお話です。

ちなみに、『フラガール』では事業として常磐ハワイアンセンターという施設を立ち上げています。こちらは現在、スパリゾートハワイアンズという名前で知られています。

つまり、この『フラガール』は実話をもとに作られた作品だったりするのです。

町全体の危機を回避するため、女性達がグループを結成し、ダンスによって町を盛り上げる。こうした点が『フラガール』と共通することから、『サンシャイン』のほうでも充分考えられるストーリー展開だと言えます。

実際のところ、『ラブライブ！』は『THE IDOLM@STER』のようなアイドルアニメの系列でありながらも、『ウォーターボーイズ』や『フラガール』といったスポコン系の気質もあります。

映画『フラガール』のように、町を守るためにチームを作り、町おこしを行う。もしこうしたストーリー展開であれば、本家にも劣らないような、熱いドラマが期待出来るのではないでしょうか。

ちなみに、本家『ラブライブ！』と同様、「G'sマガジン」では廃校や町の合併といった危機的状況は描かれず進行していき、アニメにてその設定が付加されるということも考えられます。

何にせよ、今の時点で様々な予想ができる『ラブライブ！ サンシャイン‼』。これからの展開が、非常に楽しみですね。

さて、『サンシャイン』という続編決定も相まって、劇場版『ラブライブ！』で誰も受け取らなかった羽を受け取ったのは、「Aqours」のメンバーと考えるのが順当です。

しかし、羽を受け取ったのは何も「Aqours」だけではありません。この作品と共に歩んできたラブライバー、そしてあなたもまた、羽を受け取っていたのです。

どういうことかは、次の項で見ていきましょう。

これからの「ラブライバー」

さて、ここまで『サンシャイン』を含め、『ラブライブ!』のコンテンツ展開を追い、これからの展開も予想してきました。

ここまでを総括して、ひとつ作り手から私達ファンに向けての狙いや想いを汲み取ることができます。

「穂乃果達のように夢を叶える人間が出てきてほしい!」

という想いです。

というのも、『ラブライブ!』のキャッチコピーが「みんなで叶える物語」であること。『ラブライブ!』というコンテンツが、ファンと一緒に作りあげた作品であること。そして、アニメ第2期最終話のサブタイトルが「叶え! みんなの夢——」であること。

これらの事柄を踏まえると、ここで言う「みんな」というのは、ファンを含んだものであるということが分かります。つまり、「叶え！　みんなの夢――」には、「ファンみんなの夢も叶ってほしい！」というメッセージがあるのです。

同様に、『ラブライブ！』の公式ラジオ放送の「のぞえりRadio Garden」には、「ラブライバーの夢」や「始まりの物語」といったコーナーがあります。何かを頑張っているラブライバーの夢を応援したり、最近新しく始めたことを報告してもらうコーナーです。

これらのコーナーからは、ファンであるラブライバーの中に、何か夢をもって活動している人は居ないだろうか。何かを新しく始めた人は居ないだろうか。それを作り手側が知ろうとしていることが伺えます。

第1章と第3章でお書きしたように、『ラブライブ！』という作品の魅力は、ファンが「μ's」のメンバーに共感し、一体となって作りあげていくことです。

そうした共感から自己実現欲求を刺激され、「僕・私も夢を叶えたい！」と願い夢を追い求める人が出てくるのを、作り手側も待ち望んでいるのではないでしょうか。

「穂乃果達から元気をもらって、こんな夢を叶えることができました！」

そのような人が出てくるのを、待っているのだと思います。

そのように穂乃果達に刺激されて、夢を追い求めはじめた一人の女の子が、『サンシャイン』の高海千歌なのではないでしょうか。

アニメ『ラブライブ!』における羽は、夢を追い求め羽ばたくための翼です。

そう、つまり、羽を受け取ったのは――。

他でもない、私達『ラブライブ!』のファンだったのですね。

次章にて、楽曲のキーワードを中心とした、追加の考察や総括を行います。今一度、お付き合いください。

Column

『サンシャイン!!』小噺

同人活動について言及するのは非常に恐縮なのですが、『ラブライブ！』という作品は、同人の活動も非常に盛んなのが特徴です。

著者も例に漏れず、新しいスクールアイドルを題材とした小説を『ラブライブ！』の同人として2014年に出していました。

同人と言っても、登場人物はほぼオリジナルキャラクターで構成されており、「μ's」メンバーはキャラクターが映像等を見る形で間接的に出てくる程度です。

主人公は「μ's」に影響されてスクールアイドル活動を始めます。舞台となるのは聖メリー学院という女子校。丘の上にある学校で、海が近くにあります。

砂浜で練習している描写もあり、海というのがひとつ、この作品のキーとなる舞台になっています。想定していた舞台は神奈川県南部、横浜市や横須賀市、逗子市辺りのイメージでした。

この作品、企画の大枠自体は別の方が提案してくださったのですが、新しいキャラクターが「μ's」に影響されてスクールアイドルを始めるというストーリー、どこか『サンシャ

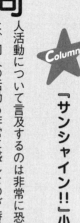

イン』を彷彿とさせる物語です。

オリジナルキャラクターが出てくるという都合上、作品の知名度はそこまで高くなかったのですが……。何となく、自分の中では『サンシャイン』と重なる部分があり、こっそりと大切にしている作品だったりします。

著者が本家と同様『サンシャイン』を応援したいのは、そうした個人的な理由もあったのです。

これから先、もし気概のある方は、オリジナルのキャラクターによるスクールアイドルプロジェクトに挑戦してみてはいかがでしょうか。

話は少し変わりますが、『サンシャイン』への応援の一環として、グループ名の募集の際に全力でグループ名を考えてみました。

まず、「μ's」がギリシャ神話における音楽の女神「ミューズ」と、「G's マガジン」の2つの言葉が掛けられているということを考慮しました。

そこで、『サンシャイン』のイメージと何か神話を絡められないかと考えてみました。サンシャインとは、太陽の輝きです。その太陽を司る神は、ローマ神話で「ソル」という名のようです。

次に、「ソル」という言葉と繋げられるような、音楽関連のワードを考えました。すると、楽譜読みを中心とする音楽の基礎練習を指す、「ソルフェージュ」という言葉が浮かびました。

太陽の神を表す「ソル」と、音楽の基礎練習を表す「ソルフェージュ」から、『サンシャイン』のグループ名は「Ｓｏｌｆｅｇｅ」が良いなと思いました。

むしろ、この瞬間から自分の中では『サンシャイン』のグループ名は「Ｓｏｌｆｅｇｅ」になっていました。

高海千歌を始めとする『サンシャイン』メンバー9人や声優の方々が、「私達、『Ｓｏｌｆｅｇｅ』です！」と言う姿を思い浮かべ、自分はなんて素晴らしいグループ名を思い付いてしまったのだろうと自己陶酔しました。自分で自分が恐ろしいと感じました。命名士や姓名判断士が天職なのかもしれないと、割と真剣に思いました。

著者の心にはこの時、確かに太陽の輝き（サンシャイン）が宿っていたのです。

昂揚感を抑えつつグループ名を投票し、数種類のグループ名に絞られるまでの間は、まるで合格発表を待っている受験生のような気分でした。大学の受験日から発表日までの長い2週間が、再び訪れた気分でした。

そして、数種類のグループ名候補が発表され、自分の受験番号のように大切な「Ｓｏｌｆｅｇｅ」という文字列を探したところ……不思議ですね、どこにもありません。思わず

「Ｃｔｒｌキー」と「Ｆキー」を同時に押し、「Ｓｏｌｆｅｇｅ」という文字で単語検索を試みます。

しかし、十回ほど検索をしても、一向にヒットしません。

「もしかして、候補一覧には2ページ目があるのかな!?」と思ったのですが、2ページ目はどこを探しても存在しませんでした。

太陽の輝きと、楽譜読みのワクワク感が組み合わされた「Ｓｏｌｆｅｇｅ」は、その瞬間をもって決して存在しない名前となったのです。数時間ほど、横になりました。

とはいえ、せっかくファンの方が考え出し、決選投票によって選ばれた「Ａｑｏｕｒｓ」というグループ名。この名前を冠したスクールアイドルを、「μ's」とともに全力で応援していきたいなと思います。

「Ｓｏｌｆｅｇｅ」というほんの少しの輝きを、そっと胸に秘めながら。『サンシャイン』のこれからの展開を、一ファンとして心より楽しみにしております。

第5章

『ラブライブ！』が教えてくれた大切なこと

彼女達からのメッセージ

最終章では、ここまでの総括の意味も込めて、「μ's」メンバー達から伝わってくるメッセージをお書きしたいと思います。

まずは、アニメ第2期最終話の高坂穂乃果の台詞からです。

「さあ、行こう！　私たちと一緒に、見たことのない場所へ！　見たことのないステージへ！　叶え、私たちの夢。叶え、あなたの夢。叶え、みんなの夢――！」

この台詞からは、「μ's」と共に夢を追い求めようというメッセージが伝わってきます。

「連れて行ってください。私達の知らない世界へ！」

という、アニメ第1期最終話の園田海未の台詞から、穂乃果のことを信頼し、メンバーが一丸となって夢を追い求めてきたことが分かります。

その「知らない世界」に、今度はあなた達が向かう番であると。先ほどの穂乃果の言葉から、そのように感じることができます。

つまり、彼女達はやはり、私達視聴者に夢を追い求めること、誰かと一緒に夢を追うことの素晴らしさを伝えたいのでしょうね。第2期最終話の「やり遂げたよ、最後まで」という言葉から、夢を叶えることとの達成感や満足感も伝わってきます。

そう考えると、普段見ないようにしてきた夢を追いたいという気持ち、自分を表現したいという気持ちに、改めて向き合ってみるのも良いのではないでしょうか。

もちろん、この作品を単なるアニメ作品として、視聴者とキャラクターを此岸《しがん》と彼岸《ひがん》で分けて見ることも、ひとつの楽しみ方だとは思います。

とはいえ、せっかく彼女達に共感し、これまでこの『ラブライブ!』というコンテンツを追ってきたのであれば、彼女達のメッセージを受け取って、今一度自身の夢や目標に向き合ってみると、さらにこの作品が味わい深いものになるかもしれません。

『ラブライブ!』という作品に、そして「μ's」のメンバーに触発されて新しいことを始めました！　という人は、すでにネット上に数多く見られます。

ニコニコ動画では、『ラブライブ!』関連の俗に言う「歌ってみた」や「踊ってみた」や「演奏してみた」が一時期よりグッと増え、ｐｉｘｉｖの投稿数も物凄く増えています。

自身の手で何かを表現したいと思う人々が、少しずつ枷《かせ》や抵抗感を解いて、伸び伸びと自身を表現していくようになってきたこの流れは、見ていてとても感慨深いものがあります。

インターネットで自分を表現というと、ひょっとしたら少し通俗的な印象を抱く人も居るかもしれません。しかし、第3章で出てきた「ベイビーステップ」という言葉のように、一歩ずつ階段を上がっていくためには、最初の一歩はインターネットでも全く構わないと思います。

むしろ、インターネットの普及率が80%を超えた（総務省「平成25年通信利用動向調査」）現代社会であれば、インターネットを使って自身の活動を表現することは、より効果的であると言えますね。

というのも、アニメ『ラブライブ！』でも穂乃果達がスクールアイドルとして有名になったのは、インターネットの専用サイトに活動を投稿していったことが一つの要因です。

特に学校というのはどうしても閉鎖的な空間になりがちなので、外部に活動を伝えるためにインターネットを使うというのは、現代ならではの効果的な作戦だと言えます。

ちなみに、「μ's」がプロのアイドルではなくスクールアイドルという、あくまでアマチュアのアイドルに描かれたのも、私達との距離が遠くならないように、親近感を抱きやすいようにという配慮だと考えられます。

だからこそ、私達は彼女達に共感し、同じくアマチュアとして自身を表現できる活動を始めることが出来るのですね。

さて、「μ's」からのメッセージは、台詞だけでなく楽曲として伝えられるものもあります。また、そうした楽曲が、『ラブライブ！』における核となる部分を象徴していることもあります。

楽曲の中に、秘められたメッセージが存在しているのです。

そこで本章では、いくつかの楽曲をピックアップし、その楽曲が象徴する事柄やメッセージを見ていきたいと思います。

穂乃果と海未の贈答歌

アニメ第1期の第3話にて、穂乃果は海未とことりと共に、3人で初めての舞台に立ちました。希には「完敗からのスタート」と言われたあのライブですが、今思えば未来の「μ's」メンバーである6人の観客がいたのです。

その点では、「START：DASH!!」を歌ったあのライブは、ひとつの成功だったのだと言えます。

その後、穂乃果の努力が空回りし、ことりの変化に気付けなかった第11話と第12話。大切な仲間との距離が離れてしまったからこそ、穂乃果は道を見失い、「μ's」をやめるとまで宣言してしまいました。

しかし、再び仲間を大事にするきっかけが第13話で訪れました。

2人きりの講堂で、海未が穂乃果への思いを語ったことと、「ススメ→トゥモロウ」を歌ったことです。ここで、第1話とのリンクが生じていますね。アニメ『ラブライブ!』で一番最初に歌ったのは、この「ススメ→トゥモロウ」でした。

第1章にもお書きしたように、アニメ第1期は、「スタート」を意識した物語です。道を見失っていた穂乃果は、この「ススメ→トゥモロウ」を歌ったことによって、始まりのときに抱いていた自分の気持ちを思い出しました。その結果、再び仲間を大切に想うことができたのです。

再び仲間を大事にすることができたからこそ、ことりの留学を止めることができ、二度目の「START:DASH!!」を歌った講堂でのライブは大成功だったのです。

第1期の要となる「ススメ→トゥモロウ」ですが、この歌は、穂乃果からメンバーへの想いを伝える歌だと感じます。この歌は、穂乃果が前に進むための原動力です。一緒に進んでいこうという、穂乃果からメンバーへのメッセージが込められているのです。

だからこそ、穂乃果が悩んだときや道に迷ったときには誰かがこの歌を歌い、穂乃果に始まりの気持ちを思い出させ、穂乃果がまた前に進むことが出来るようになったのですね。

アニメ第1期の最終話で、穂乃果・海未・ことりの3人がそれぞれ歌った「ススメ↓トゥモロウ」。さらに、アニメ第2期の第1話で、「μ's」みんなが穂乃果に歌った「ススメ↓トゥモロウ」。

これらは、穂乃果が始まりの気持ちを思い出し、再び前を向くための歌なのです。だからこそ、穂乃果が迷ったときは、この歌が歌われるのですね。

そんな「ススメ↓トゥモロウ」は、物語の一番最初に穂乃果が歌った歌です。この歌から、物語が動き出したと言っても過言ではありません。

そして、その穂乃果が歌った「ススメ↓トゥモロウ」に対する贈答歌。「ススメ↓トゥモロウ」を歌った穂乃果へのお返しの歌が、「START：DASH!!」という曲の正体なのではないでしょうか。

アニメでは、楽曲の作詞は海未が担当しています。「ススメ↓トゥモロウ」に関しては物語冒頭の歌なので、海未による作詞とは明言されていません。しかし、「START：DASH!!」に関しては、確実に海未が作詞を行っています。

周りの人間を牽引し、夢へと共に突き進み、新しい世界を見せてくれる穂乃果。そんな彼女のことを、海未がどのように思っているのか。その答えが、この曲に込められているのです。

「ススメ→トゥモロウ」に出てくる「僕ら」とは、穂乃果とその周りの人達です。それでは、「START:DASH!!」に出てくる「君」とは——。果たして、誰のことでしょう。

「連れて行ってください。私達の知らない世界へ！」

海未の穂乃果への想いは、この言葉と「START：DASH!!」に込められていたのです。

また、劇場版で「SUNNY DAY SONG」を歌った場所に穂乃果が向かうとき、一枚の花びらが、彼女の元に舞い降りたのを覚えているでしょうか。もしかしたら、この花びらは「ススメ→トゥモロウ」を歌っているときに穂乃果が髪に着けていた花びらかもしれません。

穂乃果が道に迷ったとき、仲間達が「ススメ→トゥモロウ」を歌ってくれました。穂乃果が「μ's」を解散させるか否か、その迷いを完全に断ち切ることが出来たのは、「ススメ→トゥモロウ」の花びらを手にしたあの瞬間なのではないでしょうか。

だからこそ、その後会場に向かう穂乃果の足取りは軽やかで、表情も晴れやかだったのではないでしょうか。

穂乃果が歌った「μ's」の始まりの歌が、「μ's」を終わらせる歌でもあったとしたら。

やはり劇場版『ラブライブ！』は、究極の終わりの物語なのでしょうね。

永遠に輝くひとつの光

思い返せば、「μ's」のメンバーは最初は皆バラバラだったと感じます。学年も違えば第2章でお書きした素質のベクトルも異なり、それぞれの過去も全く異なります。

そんな彼女達が「ひとつの光」になれたのは、彼女達が「μ's」としての共通の夢を追いかけ、同時にそれぞれの夢を叶えることが出来たからではないでしょうか。

穂乃果は、廃校阻止と講堂満員のライブ、そして「ラブライブ！」の優勝を。

絵里は、自分を救ってくれた手の持ち主と共に、大切な思い出を作ることを。

ことりは、メンバーの支えとなって皆の笑顔を見ることを。

海未は、穂乃果と一緒に新しい世界を見ることで、自分を変えてくれることを。

凛は、女の子としての自信がなかった自分と向き合い、自分を受け入れることを。

真姫は、固く閉ざしていた自分のやりたいことに、しっかりと向き合うことを。

希は、自分にとっての大切な居場所を守ることを。

花陽は、引っ込み思案だった自分を変え、自分を表現できるようになることを。

にこは、アイドルとして精一杯輝くことを。


それぞれの夢と願いが叶ったからこそ、彼女達は「ひとつの光」になれたのです。だからこそ、今が最高なのだと胸を張って歌えるのではないでしょうか。

お互いがお互いを尊重し合い、且つしっかりと前に進めるチームというのは、言ってしまえば理想のチームです。

人が複数居れば、そのチームへの熱意も人それぞれで、どうしても好きになれない人が出てきたり、対立したり。あるいは、ただの仲良しグループで終わってしまったり。そうして終わってしまうグループやコミュニティを、今まで何度も見てきました。

そうしたグループの悲しい結末は、恐らく珍しくはないのだと思います。時には対立し、互いに傷付け合い、一つのグループが終わりを迎えたりしながら、それでも必死に前に進んで生きていくのが、人生なのだと感じています。その結果自分の周りに残ったのが、真に大切な仲間なのだと。若輩者でありながら、著者はそのように思います。

だからこそ、彼女達「μ's」がひとつの光となって終わりを迎えられたことに、あの「僕たちはひとつの光」を歌ったラストライブに、私達は一種の寂寥《せきりょう》感と多くの達成感を抱くのでしょう。彼女達が多くのファンに愛されるのは、ひとつの光になれるほどの強い絆を感じられるからなのですね。

出来ればその光が失われることの無いように。この作品から得られた感動は、決して忘れないように生きていく所存です。

さて、とうとう本書最後の項目となりました。本書のタイトル『ラブライブ！　という奇跡』のラストを飾るのは――。「論理を超えた奇跡の物語」です。

論理を超えた奇跡の物語

様々な作品に触れ、心理学やマーケティング理論に触れ、いかに論理的に作品の魅力を明らかにしたとしても、やはりこの作品が社会現象になるまで人気となった真の理由は、そうした論理を超えた部分にあると思います。

何故なら、もし確実に売れるという理論が存在したとしたら、既にその理論を踏襲して社会現象となる作品が世に溢れ出ているはずだからです。

だからこそ、『ラブライブ！』が絶大な人気を誇ったのは「奇跡」なのだと思います。本書のタイトルに「奇跡」という言葉を使ったのは、実はそうした理由があったからなのです。

少し哲学的な話になりますが、人間の脳と心の関係について、人類の歴史上で数多くの議論が成されてきました。人間には脳と心がそれぞれ独立して存在するという「物心二元論」と、心の動きの根源は脳や神経という物質の変化であるという「唯物論」です。

著者は、かねてより「物心二元論」の立場を取ってきました。いかに心の動きが脳科学や神経科学で説明出来たとしても、やはりそうした理屈を超越したものが、心に宿っているのではないかと感じるのです。

そうでなければ、『ラブライブ！』を見て感動する人が非常に多く、またその熱い情動を表現しようとする人も非常に多く、そしてここまで一つの作品が愛されるということは、あり得ないのではないでしょうか。

1stシングル「僕らのLIVE　君とのLIFE」の売上は、初動は434枚でした。

それが今、「僕たちはひとつの光／Future　style」にて、初動約9万6千枚という記録を叩き出したのです。

ここまでの変化と成長を、誰が論理的に予測できたでしょうか。世の中の誰が、論理的に説明できるでしょうか。

やはり、物質的な論理を超えたところに存在する奇跡が、『ラブライブ！』には存在するのだと思います。

それは、論理や理屈を超越して「私、やっぱりやる！　やるったらやる！」と言ってしまえる穂乃果だからこそ。そして、その穂乃果と一緒に前に進んでいった「μ's」だからこそ、成し遂げることが出来たのでしょう。

彼女達の起こした奇跡を、今一度振り返ってみましょう。


1stシングル「僕らのLIVE　君とのLIFE」、初動434枚。

2ndシングル「Snow halation」、初動1023枚。

3rdシングル「夏色えがおで1，2，Jump！」、初動1925枚。

4thシングル「もぎゅっと〝love〟で接近中！」、初動2429枚。

5thシングル「Wonderful Rush」、初動4799枚。

アニメ第1期OP「僕らは今のなかで」、初動9509枚。

6thシングル「Music S.T.A.R.T!!」、初動3万6758枚。

アニメ第2期OP「それは僕たちの奇跡」、初動6万5930枚。

劇場版テーマソング「僕たちはひとつの光/Future style」、初動約9万6000枚。


時代が進むごとに、どんどん人気になっていきました。加速度的にファンが増え、多くの人に愛される作品となりました。

こうした数字から、本書で提示した理論から、そして数字や論理を超越したところから。『ラブライブ!』の起こした奇跡が皆さんに伝われば、これ以上幸せなことはありません。

『ラブライブ！』で死にそうになった話

実は一度、『ラブライブ！』で死にかけました。何事かと言いますと、5thライブに参加したときのことです。

真冬とはいえ会場は非常に熱く、そして暑かったために、長時間のライブで体の水分が奪われて行ったんですね。もちろん、著者も多くのファンと同様コールを入れたりサイリウムを振ったりしていたため、喉や腕も酷使していました。

その5thライブの一日目、曲が「輝夜の城で踊りたい」から「だってだって噫無情」に差し掛かった頃。

何故かは分かりませんが、止め処なく涙が溢れ出て来たんですね。視覚聴覚が完全に圧倒されまして、それこそ理屈を超えたところで感情が動き、涙が溢れ出てきました。

視界が滲み、涙を拭おうとしたその時。

フラっと、倒れそうになりました。

涙の中には水分と塩分が含まれており、その涙は体内から流れ出るため、涙を流すと体の水分と塩分が外に流れ出ることになるんですね。

しかもその量が尋常でなく多かったために、想像以上の水分と塩分が体の外に流出してしまいました。

その結果、我が身を襲ったのが脱水症状だったのです。過度の落涙は脱水症状の恐れがあるということを、この日初めて知りました。

その後は何とか水分を摂取し、持ち直した次第です。とはいえ、水分を摂取したからというよりも、「ここで倒れたら『だってだって噫無情』以降の曲が聴けなくなる！」という想いから、気合いで復活したという方が正しいかもしれません。

想いの力は偉大だなと痛感。さあこれで大丈夫、と持ち直すも……。


「学校が大好きで」

絵里のセリフが聴こえました。まさかの「Ｓｎｏｗ ｈａｌａｔｉｏｎ」です。再び発生した過度の落涙により、自分を追い詰めることになったのでした。

おわりに

著者が『ラブライブ！』の魅力を考察し始めたのは、今から2年前、2013年の秋頃からでした。「僕らは今のなかで」から「Music S.T.A.R.T!!」への売上の伸びからも分かる通り、当時は急激に『ラブライブ！』が広がった、激動の時期でした。

ファンの皆が皆4thライブやアニメ第2期を楽しみにしており、第2期はどんなストーリー展開になるか、これから『ラブライブ！』がどうなっていくか、ワクワクが止まらない時期でした。

その時期から考えると、本書を執筆している2015年秋は、劇場版でストーリーに一区切りが付き、コンテンツ展開も緩やかになってきた時期です。

まるで、お祭りが終わったあとの帰り道のような。じんわりと暑く、ちょっと涼しい感覚をふと抱きます。

正直に言いますと、文章ではいくら体の良いことを書いていても、第2期に向けてひたすらワクワクしていたあの時期に戻りたいかと言われたら……。戻りたいと思う自分も、確かに存在します。

それでもやはり、時を巻き戻すことは出来ないし、今が最高だと彼女達が言うのであれば。今をひたすらに生き、精一杯楽しむことが大切なのだと感じています。

そんな中、自分が出来ることは何かと考えたとき、やはり著者に出来ることは、文章で『ラブライブ！』の魅力を伝えることなのだと思いました。

コンテンツ展開が緩やかになってきたこの時期に、『ラブライブ！』に向けていたあの熱が、少しでも冷めてしまわないように。あの頃の気持ちを、忘れてしまわないように。

本書は、そうした著者の思いから執筆された書籍です。

考察本とは何なのか、ということを訊かれたとしたら、著者は「あるものに対する一つの考えを書き記すもの」という答えを出します。

そのため、本書は『ラブライブ！』に対する各種考察の、あくまで一部のものだと理解して頂ければ幸いです。もちろん、本書とは異なる考察もまた、ひとつの正解だと思っています。

ファンの数だけ、考察がある。このコンテンツの深さを考えると、そのように言っても良いのかもしれませんね。

恐らくですが、ファンだけでなく、オタク業界に携わる様々な人が『ラブライブ！』が成功した秘訣を考察していると思います。実際のところ、近年見られるアイドルアニメのブームは、『ラブライブ！』がその火付け役になったと考えられます。

本書がどんな方の手に届くかは分かりませんが、もし本書をそうした業界の方が手に取ったとしたら、一欠片《かけら》でも参考になる部分があれば幸いです。

実のところ、これから先、『ラブライブ!』を超える作品が出てくるのを楽しみにしている自分が居ます。この『ラブライブ!』を超えるような感情の揺さぶりを、ブームを、社会現象を、奇跡を起こす作品が出てくるのを、とてもワクワクしながら期待している自分が居るのです。

こんなことを書くのは、丸っきり烏滸《おこ》がましいことかもしれませんが——。著者もまた、作家として、『ラブライブ!』を超えるような作品を生み出せないかどうか模索しているところです。『ラブライブ!』の魅力を研究し、『ラブライブ!』を隅から隅まで楽しんだ自分であれば、もしかしたらそのようなことが……。というように、自分を奮い立たせて日々精進しています。

荒唐無稽で、雲を掴むような話かもしれません。何年掛かるかも分かりません。正直言って、不可能かもしれません。それでもなお、著者はその果てしない「夢」を、追い求めます。

何故なら、他でもない高坂穂乃果がこのように言ってくれたからです。

「叶え、みんなの夢——」

自分もまた、彼女達から羽を受け取った一人なのだと。

そのように思う自分のエゴを、どうかこの一ページだけ許して頂けたら、作家冥利に尽きます。『ラブライブ!』から沢山のものを得た著者は、『ラブライブ!』を超えようと果てしない夢を抱きました。

こんな馬鹿な人間だって居るのですから、ちょっとくらい馬鹿な夢を追い求めたって、それを口にしたって、許されるのではないでしょうか。

少なくとも著者は、その夢を応援したいと思いますよ。

一人でも多くのラブライバーが、夢を追い求める翼を得ることを願って。

本書は、これにて締めとさせて頂きたく思います。最後までお付き合い頂き、誠にありがとうございました。

これからも力一杯、『ラブライブ！』を楽しんでいきましょうね！

２０１５年秋　烏丸朔馬

参考文献

★ラブライブ！ 9の裏事情（烏丸朔馬）
★オタク市場の研究（野村総合研究所オタク市場予測チーム／東洋経済新報社）
★ライトノベル新人賞攻略（日昌晶、ライトノベル作法研究所／秀和システム）
★会社、家族、パートナー、そして自分が「もうイヤだ！」と思った人の人間関係のトリセツ（名倉正／ビジネス社）
★アリストテレス全集 3 自然学（アリストテレス／岩波書店）
★日経サイエンス別冊107 脳と心（伊藤正男、松本元／日経サイエンス社）
★視覚科学（横澤一彦／勁草書房）
★別冊日経サイエンス 人は見かけの運動をどう知覚するか（V.S.ラマチャンドラン、S.M.アンスティス／日経サイエンス社）
★なぜ人は他者が気になるのか？ 人間関係の心理（永房典之／金子書房）
★マズローの心理学（フランク・コーブル／産能大出版部）
★不変のマーケティング（神田昌典／フォレスト出版）
★2022――これから10年、活躍できる人の条件（神田昌典／PHP研究所）
★電撃G's magazine（ジーズマガジン）（KADOKAWA、アスキー・メディアワークス）

ブックデザイン
Malpu Design
（渡邉雄哉）

著者プロフィール

烏丸朔馬
（からすまさくま）
1990年生まれ。作家・ライター・個人事業主。東京大学文学部を卒業後、在学時に専攻していた心理学を元にしたオタク業界の分析・考察を基軸に、考察本や小説の執筆を行う。また、声優として朗読イベントに出演したり、ゲストとして日本テレビのバラエティ番組に出演したりと多角的な経歴を持つ。

ラブライブ！という奇跡
2016年1月15日　初版第一刷発行

［著者］
烏丸朔馬
［発行者］
揖斐　憲
［発売元］
株式会社サイゾー
〒150-0043
東京都渋谷区道玄坂1-19-2
スプラインビル3F
TEL 03-5784-0790
［印刷・製本］
シナノパブリッシングプレス

ISBN 978-4-904209-88-2